美国高中生最爱玩的益智游戏

楚天悦少儿阅读研究中心 ◎ 改编

中国书籍出版社

图书在版编目(CIP)数据

美国高中生最爱玩的益智游戏／(美)劳埃德著；楚天悦少儿阅读研究中心改编. —北京：中国书籍出版社，2011.7

ISBN 978-7-5068-2475-0

Ⅰ.①美… Ⅱ.①劳… ②楚… Ⅲ.①智力游戏—青年读物 Ⅳ.①G898.2

中国版本图书馆 CIP 数据核字(2011)第 112394 号

美国高中生最爱玩的益智游戏

责任编辑	：井彩霞
特约编辑	：曹小南　李明才
出版发行	：中国书籍出版社
地　　址	：北京市丰台区三路居路 97 号
邮　　编	：100073
电　　话	：52257143(编辑部) 52257153(发行部)
经　　销	：全国新华书店
印　　刷	：廊坊市华玺印务有限公司
开　　本	：710mm×1000mm　1/16
印　　张	：14
字　　数	：125 千字
版　　次	：2011 年 11 月第 1 版
印　　次	：2011 年 11 月第 1 次印刷
定　　价	：25.80 元

目录 contents

游戏开始了
我们来玩体积、容积、面积的游戏吧！

1. 毙命的速度 ……………… 2
2. 火海脱险 ………………… 3
3. 动手拼菱形 ……………… 4
4. 田租的问题 ……………… 4
5. 猫有多重 ………………… 6
6. 史密斯夫人的果酱 ……… 6
7. 谁和谁是一对 …………… 7
8. 称重问题 ………………… 7
9. 水池的深度 ……………… 9
10. 分啤酒 …………………… 9
11. 打桶盖 …………………… 10
12. 辛勤的送奶工 …………… 10

13. 聪明的牧场主 …………… 12
14. 邮购足球的大小 ………… 13
15. 砖头有多重 ……………… 13
16. 医生的秤 ………………… 14
17. 钓鱼者的体重 …………… 16
18. 约翰的约会 ……………… 16
19. 卖牛奶的经验 …………… 17
20. 神奇的湖泊面积 ………… 19
21. 分担重量 ………………… 21
22. 混合奶问题 ……………… 21
23. 狡猾的中间商 …………… 22
24. 横杆圈地 ………………… 24
25. 算算她们有多重 ………… 24
26. 吝啬的布朗夫人 ………… 25
27. 不平的天平 ……………… 25

> 游戏进行中
> 请进入时间、速度、路程的游戏吧！

28. 三个人的旅行 …………… 28
29. 教堂里的怪钟 …………… 28
30. 河的宽度 ………………… 29
31. 组成语 …………………… 30
32. 追赶时间 ………………… 32
33. 弹跳的小球 ……………… 32
34. 两个小镇隔多远 ………… 33
35. 格林家的猪肉 …………… 33
36. 有趣的回文 ……………… 35
37. 暹罗的斗鱼 ……………… 35
38. 比特的小猫 ……………… 36
39. 假钟的时间 ……………… 36
40. 逐日的苍鹰 ……………… 38
41. 停摆的时钟 ……………… 39
42. 快慢表 …………………… 39
43. 合作种地 ………………… 41
44. 该收多少钱 ……………… 41
45. 上前线的时间 …………… 42
46. 现在几点 ………………… 42
47. 高超的理发师 …………… 44
48. 制作钟表的原理 ………… 44
49. 山有多高 ………………… 45

50. 工资的分配 ……………… 45
51. 龟兔赛跑 ………………… 47
52. 酒贩子的鸡尾酒 ………… 47
53. 花乡有多远 ……………… 48
54. 迟到的火车 ……………… 49
55. 找不开钱 ………………… 51
56. 寺庙的历史 ……………… 52
57. 两个人的赛跑 …………… 52
58. 混乱的赛艇比赛 ………… 53
59. 猴子爬滑轮 ……………… 55
60. 倒霉的探险队员 ………… 55
61. 粗心的计时员 …………… 56
62. 捡土豆比赛 ……………… 56
63. 距离问题 ………………… 58
64. 逃跑的小猪 ……………… 58
65. 路边的电线杆 …………… 59
66. 越野赛马 ………………… 61
67. 约翰逊的自行车 ………… 61
68. 牧场里的生计 …………… 62
69. 敏捷的奶牛 ……………… 63

> 游戏可有趣啦
> 快来玩思维推理谜题吧！

70. 杰克多大了 ……………… 66
71. 神奇的年龄计算 ………… 66

72.台球室的规矩 …… 67	97.十二子棋 …… 89
73.农夫捉火鸡 …… 67	98.分割棋盘 …… 90
74.圆形桌子 …… 69	99.善妒的情人 …… 92
75.修道士的游戏 …… 69	100.精明的老板 …… 93
76.大象的链子断了 …… 70	101.游客渡河 …… 95
77.安妮多少岁 …… 70	102.三角形的旗子 …… 95
78.分割月牙 …… 72	103.军事布阵 …… 97
79.算数游戏 …… 72	104.泥瓦工的梯子 …… 98
80.剪裁的智慧 …… 73	105.椒盐卷饼 …… 98
81.最少需要移动多少次 …… 73	106.暗藏玄机的公平 …… 99
82.妈妈多少岁 …… 75	107.旅行团的生意 …… 101
83.猜年龄 …… 76	108.抬驴的父子俩 …… 101
84.乘务员的行话 …… 77	109.拼栅锁 …… 103
85.吉米摆鸡蛋 …… 77	110.老园丁的果树 …… 104
86.巧窃钻石 …… 79	111.凯瑟琳小姐的年龄 …… 105
87.破碎的镜子 …… 79	112.凯瑟琳的羊 …… 105
88.方阵的人数 …… 80	113.婆罗门塔 …… 107
89.约克逊叔叔的表链 …… 82	114.连线赢格子 …… 108
90.移动杯子 …… 82	115.火车相遇 …… 110
91.摘花瓣游戏 …… 83	116.小狗多比的年龄 …… 112
92.掷骰子游戏 …… 85	117.乔伊斯夫妇搬家 …… 112
93.躲起来的邦尼兔 …… 85	118.八进制计数法 …… 114
94.木球瓶游戏 …… 86	119.送信的路线 …… 114
95.三角形的个数 …… 88	120.茶叶的比例 …… 116
96.奔跑的大象 …… 88	121.失踪的修女 …… 117

122. 能指北的手表 …………… 118
123. 小士兵队列 ……………… 118
124. 小麦地里的麻雀 ………… 120
125. 印度拼花 ………………… 120
126. 总统候选人 ……………… 121

游戏真好玩
一起来玩几何图形转换、拓扑奇趣游戏吧!

127. 士兵的路线 ……………… 124
128. 一笔画 …………………… 125
129. 数字迷宫 ………………… 125
130. 地牢的格局 ……………… 126
131. 行军的战术 ……………… 128
132. 帽子谜题 ………………… 129
133. 爱丽丝的提问 …………… 130
134. 皮特的狗舍 ……………… 130
135. 不见面的邻居 …………… 132
136. 查理射苹果 ……………… 132
137. 智闯水雷阵 ……………… 133
138. 夏季旅行 ………………… 133
139. 老板娘的姜饼 …………… 135
140. 拼接头像 ………………… 135
141. 裁剪地毯 ………………… 136

142. 心灵手巧的护士 ………… 138
143. 分姜饼 …………………… 138
144. 小变大 …………………… 139
145. 被子的裁剪 ……………… 139
146. 正方形窗户 ……………… 141
147. 句子的读法 ……………… 142
148. 出租的土地 ……………… 142
149. 感恩的士兵 ……………… 143
150. 速递员的问题 …………… 145
151. 咬尾巴的蛇 ……………… 145
152. 过桥的捷径 ……………… 146
153. 星条旗的变化 …………… 146
154. 数字相加 ………………… 148
155. 丰收的葡萄园 …………… 148
156. 圆圈连线 ………………… 149
157. 土地划分 ………………… 149
158. 华盛顿的头像 …………… 151
159. 贯穿的运河 ……………… 151
160. 谁会赢 …………………… 152
161. 三角形拼图 ……………… 154
162. 电工的问题 ……………… 154
163. 智娶公主 ………………… 155
164. 珍妮的羊圈 ……………… 157
165. 弄巧成拙的农夫 ………… 157
166. 大卫的难题 ……………… 158

167. 节俭的裁缝 ⋯⋯⋯⋯⋯ 158
168. 邻居修路 ⋯⋯⋯⋯⋯⋯ 160
169. 星星在哪里 ⋯⋯⋯⋯⋯ 160
170. 拼图游戏 ⋯⋯⋯⋯⋯⋯ 161
171. 鹅和蛋 ⋯⋯⋯⋯⋯⋯⋯ 161
172. 新发现的星星 ⋯⋯⋯⋯ 163
173. 希腊十字架 ⋯⋯⋯⋯⋯ 163
174. 猴子收钱 ⋯⋯⋯⋯⋯⋯ 164
175. 两个人的石磨 ⋯⋯⋯⋯ 164
176. 复活节的十字架 ⋯⋯⋯ 166
177. 实际房价 ⋯⋯⋯⋯⋯⋯ 167

精彩的压轴游戏
代数、比例、概率游戏，快来玩吧!

178. 选举者的得票数 ⋯⋯⋯ 170
179. 更换牲口 ⋯⋯⋯⋯⋯⋯ 170
180. 欧文看马戏 ⋯⋯⋯⋯⋯ 171
181. 混乱的输赢 ⋯⋯⋯⋯⋯ 173
182. 三个笨小孩 ⋯⋯⋯⋯⋯ 173
183. 跷跷板平衡趣题 ⋯⋯⋯ 174
184. 数字游戏 ⋯⋯⋯⋯⋯⋯ 174
185. 还差一分钱 ⋯⋯⋯⋯⋯ 176
186. 怎样分栗子 ⋯⋯⋯⋯⋯ 176
187. 断了的项链 ⋯⋯⋯⋯⋯ 177
188. 买面包 ⋯⋯⋯⋯⋯⋯⋯ 177
189. 值得思考的加法与乘法 ⋯⋯⋯⋯⋯⋯⋯ 178
190. 怎样砸中50点整 ⋯⋯⋯ 178
191. 打弹子 ⋯⋯⋯⋯⋯⋯⋯ 179
192. 野猪转弯 ⋯⋯⋯⋯⋯⋯ 179
193. 矿工们的骰子游戏 ⋯⋯ 181
194. 修房工人的工钱 ⋯⋯⋯ 181
195. 好心的夫人 ⋯⋯⋯⋯⋯ 182
196. 鲁本夫妇的投资 ⋯⋯⋯ 182
197. 猜猜法兰克福香肠的价格 ⋯⋯⋯⋯⋯⋯ 184
198. 业余马贩子 ⋯⋯⋯⋯⋯ 184
199. 西瓜的分法 ⋯⋯⋯⋯⋯ 185
200. 野餐的人数 ⋯⋯⋯⋯⋯ 185
201. 打靶趣题 ⋯⋯⋯⋯⋯⋯ 187
202. 出纳是怎么办到的 ⋯⋯ 188
203. 大鱼有多长 ⋯⋯⋯⋯⋯ 188
204. 三个牲口贩子 ⋯⋯⋯⋯ 190
205. 全世界一百年也筹不够的小麦 ⋯⋯⋯⋯⋯⋯⋯ 190
206. 谁是谁的妹妹 ⋯⋯⋯⋯ 191
207. 买香蕉 ⋯⋯⋯⋯⋯⋯⋯ 191
208. 钓鱼问题 ⋯⋯⋯⋯⋯⋯ 192

209.饿死的守财奴 ………… 194
210.卖酒商人的折扣 ………… 194
211.聪明的典礼官 ………… 195
212.麦克的赌本 ………… 197
213.夫妻俩购物 ………… 197
214.晾衣绳的长度 ………… 198
215.电工的问题 ………… 198
216.商人的秘诀 ………… 200
217.占卜女郎的收入 ………… 200
218.如何给双胞胎
　　　分财产 ………… 202
219.精明的老太太 ………… 202
220.不说谎的儿子 ………… 203
221.购物问题 ………… 203

222.怎样射得100环 ………… 205
223.卖报的问题 ………… 205
224.查尔斯的钥匙 ………… 206
225.地产商的生意 ………… 206
226.喝啤酒比赛 ………… 208
227.买鸡蛋 ………… 208
228.老船长的遗嘱 ………… 209
229.牧场主分家 ………… 210
230.荷兰人的习惯 ………… 211
231.计算成本价 ………… 213
232.卖油的商人 ………… 213
233.夺冠的几率 ………… 214
234.女儿们的年金 ………… 214

附　录 ………… 216

游戏开始了

我们来玩体积、容积、面积的游戏吧！

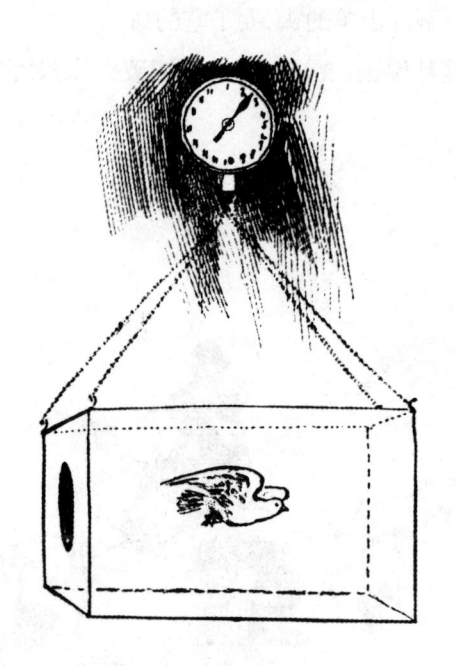

1 毙命的速度

有人养了一只山羊，一开始，由于它是附近山区唯一的一只山羊，很是耀武扬威。后来，有好事的人又带来了一只山羊，并且比第一只重了3磅。起初，它们井水不犯河水，相安无事。突然有一天，体重比较轻的那只山羊从陡峭的山顶上猛地扑向它的对手，被袭击的这只羊处于低处的土丘上。显然挑战者在高处占据了绝对的地理优势，不过可惜的是，过于猛烈的碰撞，使得两只山羊都命丧黄泉了。

我们要探讨的是这件事里所包含的趣味题目。出过书的山羊饲养专家乔治·阿伯龙比曾说："我在反复实验中发现，一个30磅的重物自20英尺高的地方坠落下来，正好可以砸碎山羊的头，要了它的命。"

那么，按照他的这种说法，要让两只山羊撞破头，需要它们用多快的速度碰撞对方？

2 火海脱险

因发明火海逃生器而获得专利权的宾克斯认为世界上任何一个卧室都应该准备这种逃生器。它的原理就是用绳索在滑轮两边分别吊两个大篮子,放下一个篮子,另一个篮子就升上来。如果放一个平衡物到其中一个篮子里,那么就可以用另一个篮子将较重的物体运下去。

有一家旅馆曾经安装过宾克斯的火灾逃生器,但是有一些狡猾的旅客在半夜里利用这个逃生器带着全部行李逃之夭夭,就再也没有哪家旅馆老板愿意安装它了。

图中画的是一家在墙外安装了宾克斯火灾逃生器的度假旅馆。逃生器的使用手册中说明:为了安全起见,在两只篮子中所放重物的重量之差不可超过30磅。

有一天深夜,旅馆突发火灾,除了守夜人一家,其余的旅馆人员全部安全脱险。守夜人一家被惊醒的时候,所有的逃生通道都被火堵死了,只剩下窗外的宾克斯火灾逃生器可以用。

现在我们知道守夜人和他的胖夫人以及他的婴儿和狗一共重390磅,其中,守夜人体重为90磅,胖夫人体重为210磅,狗重60磅,婴儿重30磅。但是,如果没有守夜人或者他的胖夫人的帮助,狗和婴儿不会主动爬进或者爬出篮子。那么,要怎样才能让他们尽快脱险呢?

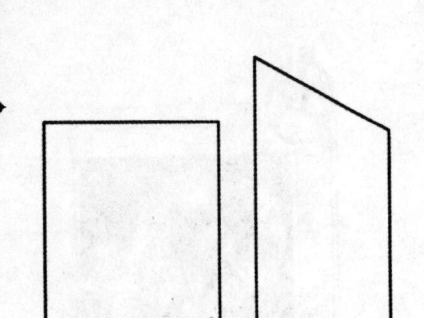

3 动手拼菱形

这是一道作为消遣的绝好题目,但在做之前,你需要准备一把剪刀和一些纸。首先你要剪出如图所示的平行四边形和矩形。

题目如下:用剪刀把你准备的纸片剪成面积相等的两部分,然后再用这两部分拼出一个菱形,如果如图所示的平行四边形和矩形的面积相同,则拼出来的菱形也应该有相同面积。题目要求是拼成的菱形的面积要和之前图形的面积相同。如果要你不借助其他工具,仅仅通过剪裁来证明两个图形面积相等,你能做到吗?

4 田租的问题

农夫杰克森抱怨说,他租赁一块农田一年需要支付现金 80 美元以及若干小麦。当小麦的价格为每升 75 美分的时候,小麦支付的租金相当于每亩 7 美元。现在小麦的价格涨到了每升 1 美元,这样一来,就相当于他一年需要支付的租金为每亩 8 美元。他觉得地租太贵了。请你算一算,杰克森租了多大面积的农田?

答案在这里，快来找吧

1. 毙命的速度 >>>

大小山羊的速度分别是 9.4395 英尺/秒和 9.9639 英尺/秒。

2. 火海脱险 >>>

守夜人一家可按以下顺序逃离火海：

(1) 降下婴儿 30 磅；

(2) 降下狗 60 磅，升上婴儿 30 磅；

(3) 降下守夜人 90 磅，升上小狗 60 磅；

(4) 取出狗 60 磅，降下婴儿 30 磅；

(5) 降下狗 60 磅，升上婴儿 30 磅；

(6) 降下婴儿 30 磅；

(7) 降下胖夫人 210 磅，升上守夜人、婴儿和狗共 180 磅；

(8) 降下婴儿 30 磅；

(9) 降下狗 60 磅，升上婴儿 30 磅；

(10) 降下婴儿 30 磅；

(11) 降下守夜人 90 磅，升上小狗 60 磅；

(12) 降下小狗 60 磅，升上婴儿 30 磅；

(13) 降下婴儿 30 磅。

3. 动手拼菱形 >>>

纸张的剪裁方法如图所示：

平行四边形通过剪裁后进行向上错位的方法组成菱形。矩形则需要剪裁成两个梯形再左右对调，把直角边拼在一起拼凑成菱形。

4. 田租的问题 >>>

面积为 20 亩。

设亩数为 x，所支付的小麦升数为 y，则根据题意可列出方程组如下：

(3x×y+80)/x=7

(y+80)/x=8

解此方程组得出 x=20 亩，y=80 升。

5 猫有多重

已知 4 只大猫的重量和 3 只小猫的重量一共是 18.5 磅，3 只大猫和 4 只小猫共重 16.5 磅。你能算出大猫和小猫分别有多重吗？

6 史密斯夫人的果酱

史密斯夫人用来计算果酱重量的方法非常巧妙。她将果酱分别装在三种 25 个大小不一的罐子里面，并把这些罐子分别放在柜子的上、中、下三层，通过史密斯夫人的搭配，每层的果酱都为 20 夸脱。

你知道她是怎么搭配的吗？一个大罐能装多少呢？

7 谁和谁是一对

女儿们到了嫁人的年纪,守财奴答应在她们结婚的时候送给她们金子,分别以各自的体重来决定所送金子的数量。女儿们很快就找到了心仪的人,并且约在了同一天结婚。她们在称体重之前吃了很多蛋糕,三位新郎为此感到高兴。新娘们的体重加起来一共是196磅,简比艾米重10磅,爱丽丝比简重10磅。在三位新郎里面,杰克和他的新娘一样重,理查德比他的新娘重一半,迈克比他的新娘重了一倍。他们三对新人的总体重是1000磅。我们不用知道新娘们到底有多重,我们想知道的是,三位女儿分别是谁的新娘?

8 称重问题

前不久我在一本古老的游记里看见一幅描绘着一种原始称量方法的图画。居住在一个岛上的人们把他们收获的农产品,诸如大米、烟叶、棕榈和糖等,用来和流动的商贩们交换日常用品。

商贩称重的方式引起了我的注意,他们就是靠这种独特的方法收购当地人的农产品。他们的秤结构很简单,只有一根平衡杆和四个大小不一的金属环,其中金属环的尺寸代表了不同的重量。商贩们把金属环像手镯一样戴在手臂上,随身携带。他们用这些金属环能够称量出0.25磅到10磅的物品。

在这本游记中还提到另一种类似的称量方法,我认为没有这种方式好,用这种方法,商贩们的计量精度可以达到0.25磅。那么这四个金属环的重量分别是多少,你能算出来吗?

答案在这里，快来找吧

5.猫有多重 >>>

仔细看看，我们发现，上面的天平比下面的天平多一只大猫，少一只小猫，重量相差2磅。小猫和大猫的重量相差2磅。我们再把上面的天平中的所有大猫换成小猫，上面的天平上就有了7只小猫，重量就比之前的18.5磅少了8磅，那么，天平的右边也因此需要减少8磅，这样就得出了7只小猫的重量是18.5-8=10.5磅。小猫重1.5磅，大猫重3.5磅。

6.史密斯夫人的果酱 >>>

我们已经知道每层的果酱都是20夸脱，通过观察我们把下面两层的6个小罐同时减去，可以得出2个大罐的容量和4个中罐相等，即大罐的容量是中罐的两倍。用相同的方法我们可以得出中罐的容量是小罐的3倍。如果把所有的大罐乘以2换成中罐，它们全部加起来进行换算可以得出，全部果酱的体积可以装满54个小罐，或者18个中罐，或者9个大罐。由此可得出每个大罐的容量就为6⅔夸脱。

7.谁和谁是一对 >>>

三位新娘的总体重是396磅，每两个人之间的重量差为10磅。简、艾米、爱丽丝小姐的体重分别为122磅、132磅和142磅。杰克和艾米是一对，两个人都为122磅；简和理查德是一对，理查德重198磅；爱丽丝和杰克(284磅)是一对，两人总重为426磅。三对新人的总体重为1000磅。

8.称重问题 >>>

四个金属环的重量分别是0.25磅、0.75磅、2.25磅、6.75磅。适当使用四个金属环，包括在秤杆的另一头使用，可以称量出0.25磅~10磅精度为0.25磅的任何重量。

9 水池的深度

作为诗人的朗费罗同时也是一位出色的数学家。他曾经出过这样一道求水池深度的问题。大概意思就是,池子里的一朵睡莲高出水面的部分为 10 英寸,被风吹倒后,它刚好被水淹没。倒下的睡莲的花尖和水面的接触点与它没倒之前和水面的交叉点直径的距离是 21 英寸。根据这些数据,你能算出水池的深度吗?

10 分啤酒

一群小孩儿外出野营,找到了一桶 10 升的啤酒。他们喝掉了其中一部分,然后把剩下的等分成了三份带回营地。其中两份分别装在 3 升和 5 升的容器里面,余下的一份装在桶里。

请问,他们喝掉了多少啤酒?他们又是如何等分啤酒的?

需要说明的是,他们没有借助其他任何工具,直接等分了啤酒。

11 打桶盖

有首歌谣是这样唱的：

"我找来一个打铁匠，给我的叔叔打一个平底桶。桶有 12 英寸深，能装 25 加仑的啤酒。桶口比桶底宽两倍。叔叔想要配盖子，请你帮我算一算，盖子需要有多宽？"

请根据歌谣里面的数据，算出这个啤酒桶的桶口直径。

12 辛勤的送奶工

辛勤的送奶工每天早晨都要把两个 16 加仑的牛奶桶装满牛奶，然后出发去送牛奶。他的客户居住在四条不同的街上，每条街都需要一样的牛奶量。送完第一条街的牛奶后，送奶工用水灌满牛奶桶。然后又送去给第二条街上的客户，送完后和刚才一样用水龙头把自己的牛奶桶灌满。他给每条街道送牛奶都用这样的方法——每送完一条街就用水灌满牛奶桶，直到送完所有的客户。如果所有的客户都得到了牛奶，还剩了 40 夸脱 1 品脱（即 40.5 夸脱）的纯牛奶在桶里。你能算出每条街道得到的纯牛奶分别是多少吗？

答案在这里，快来找吧

9.水池的深度 >>>

欧几里得定理:圆内的两条弦相交,被交点分成的两条线段长的积相等。

由此我们可以以睡莲的高度为半径画出如下图形,弦ED被分割为长为21英寸的两段,直径AF与ED相交,并被分割为水面上和水面下两个部分。根据欧几里得定理,可算出水面下的部分长为44.1英寸,圆的直径是54.1英寸,半径则是27.05英寸。这样就可算出池子的深度为27.05-10=17.05英寸。

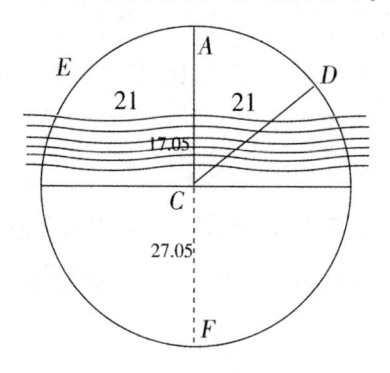

10.分啤酒 >>>

先装满3升的容器,然后将其倒入5升的容器中,再一次把3升的容器装满,继续倒入5升的容器中,5升的容器灌满以后,3升的容器中剩下了1升。他们喝掉了这1升啤酒。然后把5升容器中的啤酒倒回桶里,用3升容器分两次量出3升啤酒,分别装在5升容器和3升容器里。

11.打桶盖 >>>

因为1加仑=282立方英寸,所以25加仑的桶可以盛7050立方英寸的啤酒。桶的体积可以由以下公式求得:

(上底面面积+下底面面积+4×中截面面积)×1/6桶高。(中截面即为高度距离上下底相等且与两个地面平行的截面。)

又中截面的半径=(上底面半径+下底面半径)/2,所以中截面面积=9/4倍下底面面积。

而上底面面积=4×下底面面积,如果我们设下底面面积为S,则有

(4S+S+4×9/4S)×1/6×12=7050

得出上底面面积 4S=3525×4/14

根据圆的面积公式可得出半径为17.91英寸,则桶口的直径为35.82英寸。

12.辛勤的送奶工 >>>

送奶人在第一条街道上分发了32夸脱纯牛奶;第二条街上是24夸脱;第三条街上是18夸脱;第四条街上是13.5夸脱。加起来一共是87.5夸脱。

13 聪明的牧场主

这道来自孤星州的趣味题目引出了一个老问题和大家都非常熟悉的关于美国的一点历史。

早在1830年美国人就开始了对德克萨斯的开拓（或者说入侵）。但是德克萨斯真正加入美国，却是在美国人和墨西哥人以及印第安人打完15年的仗以后。这之后不久，政府开始实行有名的占地法令。这套法令让所有的开拓者们对他们在一年内围住或者耕种的全部土地无偿占有。

早期的开拓者们都经过了非常困难的阶段，但到了他们的后代总算是苦尽甘来——现已位列世界的畜牧大王之最。根据最近的一份官方报告公布，世界上最富有的一些土地所有者为印第安人。西部大牧场的牧场主们不会惊异于阿基米德所号称的"放牧在西西里平原上的白牛和花牛"这样的畜群规模，但是一个印第安混血儿德克萨斯·皮特的巨大牧场，却不得不引起他们的注意。占地法令施行后，他是最早开始占地的人之一，他获得了他在那一年内围住和耕种的全部土地的所有权。

据他自己所说——虽然他已年过70，可是依然老当益壮，精神抖擞——因为这项法令，他们夫妇能够获得在这12个月里面用三根横栏围住的所有土地，于是夫妇俩在整整一年的时间里都在建造这些围栏。

我在这个故事里想到这样一个问题：假设这片土地正好是正方形，用三根横着的围栏围住（如图），且每根横栏都恰好长12英尺。如果围住的土地英亩数刚好和用作围栏的木头根数相等（1英亩=43560英尺），德克萨斯·皮特的牧场有多大，你算出来了吗？

14 邮购足球的大小

我们这个题是为了解决住在偏远地区的人们通过邮寄方式买足球的问题。他们按照广告上的尺寸订购足球。广告要求顾客给出以英寸为单位的"准确尺寸",但是他们弄不清楚到底应该给出外面球皮的面积尺寸,还是球内空气的体积的尺寸。于是,他们就把这两个标准一起给出,订购了一个球皮面积和球内空气体积相同的足球。聪明的你算出这个足球的直径是多少了吗?

15 砖头有多重

如图,天平的一端是一块砖头,另一端是3/4块砖头和3/4公斤重的砝码。请你算一算,一块砖头重几公斤?

16 医生的秤

这道趣味题目的灵感来源于感恩节的买卖,从中可以看出布莱恩医生是如何自作聪明的。

布莱恩医生在邻镇的屠夫那儿订了一只火鸡用于感恩节的晚宴。屠夫送货的时候一并带上了账单,还写了一些价格公道之类的客套话。账单上清楚地写着火鸡的价格为每盎司 1 美分。

收货的时候,布莱恩医生问起火鸡的重量。屠夫让医生用他自己的秤量一量,并按他自己所称的重量付钱。于是医生就把火鸡放上了秤,称给屠夫看。显示在秤上的重量比屠夫说的少了好几盎司,这让屠夫非常尴尬。

为人老实的屠夫脑筋可不笨。他信守他的诺言,就按医生称的分量算。同时他也打算在医生这里买点东西。他问道:"你这盐多少钱一磅?""3 美分。"医生回答道。

"按火鸡的盎司数给我称相同磅数的盐,但是我信不过你的称,你还得跟我回去用我的秤称一下,到时候我再付给你余额。"屠夫提议道。

用自己的秤占了便宜的医生觉得这么再来一次也无妨,就答应了。于是屠夫带着称好的盐和医生回了家。但是让医生吃惊的是,用屠夫的秤称出来的盐比在他的秤上称的时候少了很多。

这道题目给出的数据非常少,而且含糊不清。但是我相信聪明的趣味题目的爱好者们一定能够给出火鸡的正确数量。你算出来了吗?

答案在这里，快来找吧

13. 聪明的牧场主 >>>

答案为 43560 英亩。43560 根木头刚好可以做出有三道横档的围栏，围住的正方形土地的面积恰好为 43560 英亩。

14. 邮购足球的大小 >>>

足球内部可以看作很多小棱锥的组合体，这些小棱锥以球心为顶点，底面在球的球面上。棱锥的体积为底面积乘以 1/3 高。于是，球的体积就等于球面面积乘以 1/3 半径。题目给出的球面面积等于球内空气体积，则球的半径就应该为 3 英寸，直径就为 6 寸，约为 15.24 厘米。

15. 砖头有多重 >>>

3 公斤。

16. 医生的秤 >>>

火鸡重 24 磅。那么价格就应该为 16×24 美分=3.84 美元。

布莱恩医生用自己的秤时耍了点小心眼，因为在金衡制（屠夫卖肉一般用的是常衡制）中称量 384 盎司只有 350 盎司那么重。

老实的屠夫默许同意自己少拿 34 美分钱，而且为了表示自己没有不快，还以每磅 3 美分的价格买了和火鸡盎司数相同磅数的盐。

医生以为自己用盎司算账占到了便宜，用磅也是一样的。所以他用自己的秤给屠夫称了 350 磅的盐，算起来应该值 350×3 美分=10.5 美元。但当用屠夫的秤重称重量时，金衡制中的 350 磅只合常衡制 288 磅，这样，屠夫就多得了 62 磅的盐。按价计算，屠夫赚得了 3 美分×62=1.86 美元。抵消掉自己少卖的 34 分后，屠夫还净赚 1.52 美元。

17 钓鱼者的体重

图为本季度钓鱼选手钓到的最大的鱼。这位钓鱼冠军说:"秤可以称 9 磅,把鱼放上去称出来是 3 磅。去掉鱼鳞,得出鱼鳞的重量是无鳞鱼重量的 1/5。"现在我们知道无鳞鱼的重量是秤此时重量的 1/4,如果钓鱼人举起的重量是他体重的 1/10,那么他应该重多少磅?

18 约翰的约会

刚开通电车的时候,约翰想请他的未婚妻去坐电车,但是又没有足够的钱,所以他们决定回来的时候步行。

电车的速度为每小时 9 英里,他们走路的速度是每小时 3 英里。现在他们需要在 8 小时之内完成这个来回,请问他们能坐多久的电车?

19 卖牛奶的经验

所有的经营在实际操作中都存在着多多少少的问题。换句话说,不经过岁月的磨砺,没有人敢说他对自己所从事的买卖是精通的。为人老实的约翰说,在卖牛奶这方面,可以说没有他不能解决的问题。可是有一次遇到的问题却让他很是费了一番脑筋。那天,他挑着两桶 10 加仑的牛奶出去卖,有两位客人来买牛奶,两个人的罐子分别是 4 夸脱和 5 夸脱的容量,可是两个人都只需要 2 夸脱的牛奶。这可让约翰为难了,没有其他工具可以借用,又要倒出客人们需要的牛奶量,你来帮他解决这个问题吧。

答案在这里，快来找吧

17.钓鱼者的体重 >>>

因为鱼的重量为3磅,鱼鳞和无鳞鱼的重量之比为1:5,则可算出无鳞鱼重2.5磅。又因为无鳞鱼的重量是秤此时的重量的1/4,则秤此时的总重量就为10磅。钓鱼者举起的东西就是秤加上鱼共重12.5磅(鱼鳞被去掉了),由此可求出钓鱼者的重量为125磅。

18.约翰的约会 >>>

坐2小时。距离为8英里,走回来需要6个小时。一共需要8小时。

19.卖牛奶的经验 >>>

我们用A、B来表示两个10加仑的牛奶桶,用以下的方法,可以量取出两份2夸脱的牛奶:

(1)用5夸脱的罐子在A桶中装满,A桶就少了5夸脱牛奶;

(2)把5夸脱罐子里面的牛奶倒进4夸脱的罐子里,此时5夸脱的罐子里就剩下1夸脱的牛奶;

(3)将4夸脱罐子里的牛奶倒回A桶,则A桶里还少1夸脱牛奶;

(4)把5夸脱罐子里剩下的1夸脱牛奶倒进4夸脱的罐子里;

(5)再用A桶里的牛奶倒满5夸脱的罐子,则A桶里就少了6夸脱;

(6)用5夸脱罐子里的牛奶倒满4夸脱的罐子,因为4夸脱罐子里本来就有1夸脱的牛奶,如此一来,4夸脱的罐子满了以后,5夸脱罐子里就剩下2夸脱的牛奶。

(7)将4夸脱罐子里的牛奶倒回A桶中,A桶里还少2夸脱;

(8)用4夸脱的罐子在B桶里灌满;

(9)将4夸脱罐子里的牛奶倒入A桶里。现在4夸脱罐子里就剩下2夸脱的牛奶。

20 神奇的湖泊面积

不久前,我去参加莱克伍德一块地皮的拍卖会,竟然没有一个人买下它。原因是这里有一件奇怪的事情:这块地包括了一个三角形的湖泊,算上这个湖泊,这块地的总面积为560英亩。神奇的是,不包括那个湖泊,这三块地的总面积也是560英亩。

由于这个湖泊也属拍卖物之一,所以我和其他的买家一样,想知道湖泊的面积到底有没有从这块地的总面积里面扣除掉,那块地里的三角形湖泊的面积为多少?

如图所示,这个湖被包围在三块土地中间,这三块地各自的面积分别为370英亩、116英亩和74英亩。根据这个图,人们会对数学变换感兴趣,因为通过这种变换,问题将会得出一个确切的答案。如果按照通常的方法,产生的却是一个不断递减且无限循环的十进制小数。

# 答案在这里，快来找吧

20.神奇的湖泊面积 >>>

根据毕达哥拉斯定理，我们可以推算出在这个神奇问题中的湖泊面积的精确值为11英亩。

毕达哥拉斯定理：任何直角三角形的斜边的平方等于其他两条直角边边长的平方之和。

如图，ABD是我们构造的直角三角形，其中AD长为9，BD长为17，之所以构造这样的三角形是因为9×9=81，而17×17=289。这样，以AB为边长的正方形的面积为81+289=370英亩。AEC是一个直角三角形，面积是17.5英亩。另外，我们可以通过上面的方法求出以AC为边长的正方形的面积为74英亩。CBF也是一个直角三角形，面积为20英亩；以CB为边长的正方形的面积为116英亩。可以算出我们构造的三角形的面积为9×17÷2=76.5英亩。进而可求出三角形ABC的面积就为76.5-17.5-20-4×7=11英亩。

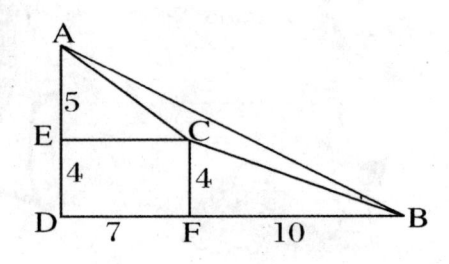

21 分担重量

位于耶路撒冷的所罗门神庙是世界上最伟大的建筑之一。距离神庙 1 英里以外的采石场是修建神庙的大理石的来源，神庙的位置比采石场高出了 880 码（即半英里，1 英里 =1760 码）。修建神庙的大理石是长、宽、高都为 18 英寸的方形石块，重量为 632 磅。在古代的图画上可以看出，这样的大理石石块需要三个人抬到神庙。如果走在前面的人距离石块 36 英寸，那么位于后面的两个人应该怎样站，才能让三个人承担的重量相等呢？

22 混合奶问题

有位送奶工总是喜欢用自己的趣味题目逗他的顾客开心。有一天他在路上遇到了一群放学回家的孩子，又用了同样的方法逗他们。

他的题目是这样的：一只桶里的牛奶奶油含量太高了，需要加一些水来稀释一下。另一只桶里装着纯净水。将第一只桶里的液体倒进第二只桶里，使得第二只桶里的液体量加倍。接下来再把第二只桶里的液体倒回第一只桶里，使得第一只桶里的混合物加倍。然后再把第一只桶里的混合物倒入第二只桶，使得两只桶里的混合物体积相等。但是第二只桶里的水比牛奶少一升。

请你算一算，在第一只桶里，水比牛奶少多少？

23 狡猾的中间商

东方人铸造的钱币重量不同,大小各异,这让很多旅行者有了投机取巧的机会。

骆驼毛是做围巾和高档地毯的上好原料。买卖双方通过中间商进行骆驼毛的交易。买家发给中间商订单,中间商再去找卖骆驼毛的卖家,并从中收取买卖双方各2%的佣金。除了收取这4%的佣金,中间商们还在货物的重量上做起了手脚。向卖家购买骆驼毛的时候,他把货物放在天平的短臂上,这样就让每磅称出来都少1盎司(1磅=16盎司);在把骆驼毛卖给买家的时候,他又把货物放在天平长臂上,每磅就又多称出1盎司。中间商通过这样的方式赚到了25美元。请问,他向买家收购骆驼毛的时候支付了多少钱?

答案在这里，快来找吧

21. 分担重量 >>>

如果需要把石块抬到长1英里、高半英里位置上的神庙，担子的重心就往后移了4.5英寸。这样一来，从数学角度看，位于前面的人的握点离中心的长度实际上是49.5英寸。走在后面的两个人与重心的距离的和值应该等于前面一人的握点距离中心位置的一半，这样每个人就分担了1/3的重量。

22. 混合奶问题 >>>

(1)一开始，第一只桶里有5.5升牛奶，第二只桶里有2.5升纯净水。第一次从第一只桶向第二只桶倒入2.5升纯牛奶，这样，第一只桶里还剩3升纯牛奶，第二只桶里就有了2.5升牛奶和2.5升水；第二次从第二只桶向第一只桶倒入3升混合物(1.5升牛奶和1.5升水)，此时，第一只桶里就有了4.5升牛奶和1.5升水，第二只桶里还剩下1升牛奶和1升水。然后再从第一只桶向第二只桶倒入2升混合物(1.5升牛奶和0.5升水)，这时候第一只桶有3升牛奶和1升水，第二只桶里有2.5升牛奶和1.5升水，其中，水比牛奶少1升。

(2)相等。第一只桶里水和牛奶的比例是1:40，第二只桶里牛奶和水的比例也是1:40。

23. 狡猾的中间商 >>>

中间商收购17盎司的货物按1磅(16盎司)计算，在卖给买家的时候又以15盎司为1磅，这样一个来回就多了2盎司。这多出来的2盎司他以同样的价格出售，赚了25美元。这样，2盎司的价格相当于他为1磅付出的价钱的2/15，同时也相当于他卖出1磅所获得的价钱的2/15。他卖出了若干份2盎司赚取25美元，可算出他的总进价为187.5美元。这是不考虑他收取的佣金的情况。

24 横杆圈地

林肯年少的时候，有人问他，如果给他十二根横杆，他能圈出多大面积的土地。林肯认为这取决于横杆的长度。现在我们假设每根横杆长 16 英尺，那么，要使圈出的土地面积最大，应该怎么圈？

25 算算她们有多重

有五个小女孩儿发现了一个省钱的窍门——只花一次的钱就可以称出所有人的体重。她们一次在秤上站两个人，然后轮一次换一个人。依次称出两个人的总重量，分别得出如下数据：129 磅、125 磅、124 磅、123 磅、122 磅、121 磅、120 磅、118 磅、116 磅、114 磅。你能算出这五个小女孩儿分别有多重吗？

26 吝啬的布朗夫人

布朗夫人是个吝啬的人,她想要称称自己的婴儿有多重,于是希望花1分钱就称出包括她本人、她的狗和婴儿的体重。

称量以后,她的体重比狗和婴儿的总重量还要重100磅,狗的体重比婴儿轻60%,他们的总体是170磅。你来算一算,布朗夫人和婴儿以及狗分别重多少磅?

27 不平的天平

作为市场监督员的大卫,他的职责就是确保这个镇子上的计量仪器保持精准。这一次他碰到了一个棘手的问题。

如图所示的天平很明显地偏离了中心,大卫只能靠称重将它调平。3个棱锥和8个木头方块重量相等。现在他放1个方块到天平的长臂上,那么短臂上需要6个棱锥才能让天平平衡。如果一个棱锥的重量为1盎司,要你算出8个方块的总重量为多少?

答案在这里，快来找吧

24. 横杆圈地 >>>

用这12根横杆围成一个正十二边形,围出的面积最大,为2866平方英尺。

25. 算算她们有多重 >>>

这五个小女孩儿的体重分别为56磅、58磅、60磅、64磅和65磅。

解题思路:因为5个女孩儿每两个一组去称重,一共可以有10种组合。假设体重最轻的女孩为A,按体重递增分别为B、C…那么将最轻的三个数相加并除以2,所得结果即为她们三个的总体重。用这个数字分别减去A+B(114)、A+C(116)和B+C(118),可得出C、B、A的体重分别为56磅、58磅、60磅。用相同方法可求出剩下两个女孩的重量。

26. 吝啬的布朗夫人 >>>

根据题目,我们设布朗夫人的体重为x磅,婴儿和狗一共重y磅,可列出方程如下:

x+y=170,x-y=100。

解出布朗夫人重135磅,婴儿与狗共重35磅。

再设婴儿重a磅,则狗的体重就为(1-60%)a=0.4a,又有方程如下:

a+0.4a=35

解出狗的体重为10磅,婴儿的体重为25磅。

27. 不平的天平 >>>

本题的计算原理为:在天平的两边称重,将两边称得的结果相乘,结果的平方根就是物体的真实重量。

本题中,长臂上的1个棱锥和8/3方块的重量相等,短臂上的1个棱锥的重量等于1/6个方块的重量。用8/3乘以1/6,结果为4/9,开平方得到2/3,即说明1个棱锥的重量等于2/3个方块的重量。因为1个棱锥重1盎司,则1个方块就重1.5盎司,8个方块就为12盎司。

游戏进行中……

请进入时间、速度、路程的游戏！

28 三个人的旅行

有三个人相约去往 40 英里外的一个地方，骑车 1 小时就可以到达，但是他们只有一辆双人自行车。只能坐两个人，剩下的人需要步行。

已知甲 1 英里走 10 分钟，乙要走 15 分钟，而丙则需要 20 分钟。请问他们应该怎么决定最佳的骑车和步行组合方案可以最快到达目的地？

29 教堂里的怪钟

怪钟的传说来自于瑞士苏黎世郊区一个小山包上的一座废弃教堂。传说这座教堂修建于十五世纪中叶，并请了当时非常有名的钟表匠约翰逊来建造教堂的大钟。他的到来让小教堂成为了人们关注的焦点。大钟的启动时间为每天早晨 6 点，但是这个大钟有一个非常致命的机械错误：约翰逊设定的时针速度是分针速度的 12 倍。听说自己修建的钟表出了故障，虚弱的老匠人坚持让人们把他抬到了教堂，想亲眼看看到底是怎么一回事。出人意料的是，当他们来到教堂的时候，大钟的时间却非常正确，分秒不差。这位老匠人快乐地度过了自己生命中最后的日子。大钟在这之后也一直以它奇怪的方式运转着，人们也懒得再去修理它。

怪钟虽然损毁了,但是留下了一个有趣的题目:如果大钟每天早上6点开始启动,时针以分针12倍的速度运转,请问在什么时候钟表会显示正确的时间?

30 河的宽度

有两艘轮船分别从河的两岸同时出发,其中较快的一艘在离对岸720码时遇到另一艘轮船。到岸后,两艘轮船都各自停靠10分钟,等客人上下完毕又返航。两艘轮船第二次相遇在距离此岸400码的地方。你能算出河的宽度为多少吗?

31 组成语

从下图的右上角开始,请按照顺序将 24 个英文字母组成一句有预言性质的成语。

答案在这里，快来找吧

28. 三个人的旅行 >>>

本题方案如下：

先由乙步行，甲和丙骑车 31.04 英里后，甲下车步行，丙骑车返回距离出发点 5.63 英里处接到乙，二人骑车至终点。他们与甲将同时到达终点，总共用时不超过 2.3 小时。

29. 教堂里的怪钟 >>>

在 7 点 5 分 $27\frac{3}{11}$ 秒的时候，大钟显示正常。

30. 河的宽度 >>>

河宽 1760 码。

31. 组成语 >>>

GOOD PEOPLE ALWAYS DIE YOUNG(意思是"好人命短")。

32 追赶时间

希腊有一个著名的阿基里斯与乌龟赛跑的故事。

阿基里斯的行进速度是乌龟的12倍，于是哲学家芝诺把阿基里斯的起跑线设置在了乌龟后面的12英里处。芝诺坚持认为阿基里斯永远也跑不过乌龟，因为阿基里斯跑完12英里，乌龟跑了1英里，那么乌龟还是领先阿基里斯1英里，等到阿基里斯跑完这1英里，乌龟又跑了1/12英里，乌龟还是领先。一直这样跑下去，阿基里斯无论如何永远不能超过乌龟，他们之间总是有距离，不管这段距离有多小。

图中的吉米认为时钟上的指针运动和希腊赛跑故事实际上是相类似的，正午的时候，分针与时针是重合的。他想知道的是，什么时候时针和分针会再一次重合？

33 弹跳的小球

在距离地面179英尺的比萨斜塔上将一个弹力球抛下。如果弹力球每次反弹的高度为它之前反弹高度的1/10，那么当它停止不动的时候，它总共跳过了多长的距离？

34 两个小镇隔多远

夏季远足结束后,疲惫的队员们都准备回家。查理从 A 镇向 B 镇出发,而迪克同时从 B 镇向 A 镇出发。

当两个人在路上相遇的时候,查理比迪克多走了 18 英里。两个人分别以后 13.5 个小时,查理到达了 B 镇,迪克却用了 24 个小时才到达 A 镇。如果他们都是匀速前进的,请你算算这两个镇相隔有多远?

35 格林家的猪肉

格林夫妇吃光一桶肥猪肉需要 60 天,格林先生独自吃需要 30 个星期。夫妻两人吃光一桶瘦猪肉需要 8 星期,格林夫人独自吃至少需要 40 个星期。

如果格林先生只吃瘦肉,格林夫人只吃肥肉,现在有一桶半是肥肉半是瘦肉的混合猪肉,夫妻两人需要多长时间才能吃完?

答案在这里，快来找吧

32. 追赶时间 >>>

每隔 65 分钟 $27\frac{3}{11}$ 秒重合一次，则下一次重合的时间为 1 点 5 分 $27\frac{3}{11}$ 秒。

33. 弹跳的小球 >>>

小球跳过的距离为 218 英尺 $9\frac{1}{3}$ 英寸。

34. 两个小镇隔多远 >>>

两镇相距 126 英里。

35. 格林家的猪肉 >>>

需要 40 天。杰克用 35 天吃完半桶瘦肉，同时，妻子吃了 1/2 的肥肉。夫妻两人再用 5 天的时间一起吃完剩下的肥肉。

36 有趣的回文

"回文"是指那些顺读和倒读都相同的单词和句子,例如 level、eve、gig 等,它们从左到右或者从右到左的读法都相同。还有个例子,亚当欢迎夏娃时说:"Madame, I'm Adam."还有这个句子:"Name noon man."回文的历史悠久,在现在常被人引用的拉丁语与法语箴言中也有一些经典的例子。

这是一个在星光剧场附近偶得的小政治趣题。墙上的戒严令写着:"The police are ordered to disperse all processions not bearing organization banners." 但是持有组织旗号的孩子们的游行队伍却让路人发笑,你知道为什么吗?

37 暹罗的斗鱼

暹罗有两种鱼虽然也是美味佳肴,但是让人们饲养和重视他们的却别有原因。一种是肥大的被称为"王鱼"的白色鲈鱼,另外一种是黑色的小鲤鱼,被称为"鬼鱼"。这两种鱼势不两立,只要一遇到就会斗得死去活来。1 条"王鱼"可以与 1 到 2 条"鬼鱼"匹敌,但是"鬼鱼"非常灵活,还会联合作战,战术非常多变。1 条"王鱼"与 3 条"鬼鱼"这样打斗下去,很难分出胜负。聪明的"鬼鱼"能够娴熟地运用攻击策略,那么 4 条"鬼鱼"联合对付一条"王鱼",大概用 3 分钟就可以置它于死地,如果是 5 条一起作战,那么"王鱼"毙命的速度则按比例增加(就是说 5 条"鬼鱼"杀死 1 条"王鱼"用时 2 分 24 秒;6 条用时 2 分钟,以此类推)。

如果 4 条"王鱼"对付 13 条"鬼鱼",则哪一方会胜出?获胜的一方需要多长时间消灭另一方?

38 比特的小猫

数学家比特养了一只猫，他让小猫在如图所示的图形中的 A 点出发，并经过最短的路线到达点 Z，并且要保证抓到所有的老鼠。

随后，他又让小猫注意听伦敦教堂的大钟，并问道："如果大钟 6 秒敲击 6 次，请问敲击 11 次需要多少秒？"

你能帮帮这只小猫吗？

39 假钟的时间

图中是一只挂在杂货店外的假时钟，它的时钟总是停在 8 点 20 分钟左右。如果时针和分针的距离和 6 点时的距离刚好相等。请问这只假时钟确切的时间是几点？

答案在这里，快来找吧

36. 有趣的回文 >>>

因为从另一侧看来，孩子们所持的旗号刚好是"tiny democrats"（小民主人士）。

37. 暹罗的斗鱼 >>>

将13条鬼鱼以每组3条分出3组分别对付1条王鱼，吸引他们的注意力。同时，另外4条鬼鱼联合消灭第4条王鱼，用时3分钟。随后5条鬼鱼联合消灭1条王鱼，用时2分24秒。剩下的鬼鱼与其他王鱼对战。然后13条鬼鱼分两批对付剩下的2条王鱼，其中7条用 $20\frac{4}{7}$ 秒可以消灭1条王鱼，剩下1条，13条鬼鱼联合用时15391秒就可以置之于死地。

将上面所用的时间相加就可得到这场战斗所需时间为 5分 $46\frac{2}{13}$ 秒。

38. 比特的小猫 >

小猫的路线应为：A—4—C—1—Y—5—2—B—6—X—3—Z。

大钟敲6次之间有5次间隔，一共用了6秒，即每两次间隔1.2秒，敲击11次有10次间隔，则需要12秒。

39. 假钟的时间 >

假时钟的时间应为 8时18分 $27\frac{9}{13}$ 秒。

40 逐日的苍鹰

伊索有一则关于老鹰的寓言:有一只雄心勃勃的老鹰拼了命想飞上太阳。于是每天太阳初生的时候,它就朝着太阳飞去,一直飞到中午。当太阳西落的时候,它又反向朝西飞。这只老鹰日复一日地继续着自己毫无希望的追逐。神奇的是,太阳西沉以后,老鹰发现自己刚好回到了起点。

故事虽好,但是伊索的计算能力却让人不敢恭维。老鹰在上午和太阳相对而飞,下午则是和太阳同向而行。显然下午飞行的路程比上午要长。照这样说,实际上老鹰每天都西移500英里。

如果老鹰自美国华盛顿国会大厦的圆穹门出发,然后绕地球一圈,因为老鹰的飞行高度相对于飞行距离过小,可以忽略不计。每天傍晚太阳西落的时候,它将飞到离起飞点以西500英里的位置。请问,假设这只老鹰1896年1月1日(星期三)起飞,到什么时候能回到原点?

41 停摆的时钟

图中的表盘是一本侦探小说里的一条重要线索，刺客的子弹刚好从表盘的正中心射出，打穿了中轴致使钟表停摆。很显然凶手为混淆视听拨乱了指针，因为表盘中时针和分针形成了180°，分别指向3点和9点，这明显是不可能的。

你能说出这只表盘是在什么时候被射中的吗？

42 快慢表

在某一时间同时启动两只快慢不一的表，其中一只每小时慢2分钟，另一只则快1分钟。到了晚上再次看表的时候，慢表比快表整整慢了一个小时。图中给出了快表的时间，你能推出两只表启动的时间吗？

答案在这里，快来找吧

40. 逐日的苍鹰 >>>

这道题有个需要注意的陷阱：绕地球一圈为 19055 英里，每天飞 500 英里，则需要 39 天，但由于时差问题，绕地球一圈实际上只需要 38 天。所以老鹰返回的时间为 2 月 7 日，星期五。

41. 停摆的时钟 >

12 点以后，时针和分针首次处于相反的方向是在 12 点 $32\frac{8}{11}$ 分，重复出现此状况的时间间隔为 1 小时 $5\frac{5}{11}$ 分。因此从秒针的位置可以推断，表盘应该是在 10 点 $21\frac{9}{11}$ 分或者 10 点 21 分 $49\frac{1}{11}$ 被击中。

42. 快慢表 >

00:45:25 启动。

因为慢表每小时比快表慢 3 分钟，那么 20 个小时后，慢表比快表慢出 1 个小时。又因为快表每小时快 1 分钟，所以此时的确切时间为 20:45:25，往前推 20 个小时即可得出答案。

43 合作种地

布莱恩和汉斯在种地上各有所长，布莱恩撒完1行种子只需要20分钟，而掩埋1行种子需要12倍的时间；汉斯撒种子的速度是布莱恩的一半，但是他掩埋种子的速度和撒种子的速度一样。现在要种一块12行的地，报酬为5美元，需要两人同时完成工作。请问他们该怎么分工才能最快完成？他们的报酬又应该如何分配？

44 该收多少钱

查理和杰克把硬领和袖套共计30件送到洗衣店去清洗。杰克的袖套是袖套总数的一半，而他的硬领是硬领总数的1/3，所以他的花费是27分。洗4个袖套的价格与5个硬领相当。洗衣店的老板不知道他该收查理多少钱，你能帮他算一算吗？

45 上前线的时间

一位名叫特格林斯基的俄国棋手和我在彼得堡相遇，他告诉我在俄日战争刚刚开始的时候，他在陆军兵站担任司令，负责组建二十个兵团。他的工作是平均每周给每个兵团招募 100 人，到了周末，就将人数最多的兵团派往前线。

当时，第一兵团 1000 人，第二兵团 950 人，第三兵团 900 人，依次类推，每个兵团都比前一个兵团少 50 人。

特格林斯基司令发现第五兵团的团长是一个难得的天才棋手，于是为了留下他，特格林斯基司令每周只为他的兵团招募 30 人以延迟他上前线的时间。

如果这二十个兵团是连续组建的，一个兵团上前线后另一个新的兵团又开始启动组建工作，那么请问第五兵团会在第几周被派往前线？

46 现在几点

"早上好，切尔西！"马里奥说道，"请问现在几点了？"

切尔西回答道："从午夜（0点）到现在的时间的 1/4 再加上从现在到午夜的时间的一半，就是现在的时间。"

聪明的你算出来了吗？

答案在这里，快来找吧

43.合作种地 >>>

每个人各完成6行。布莱恩用120分钟撒种子,360分钟掩埋种子,共计8小时;汉斯撒种子用了240分钟,掩埋种子也用了240分钟,也为8小时。因为他们平均分工的用时是一样的,所以每人得到2.5美元的报酬。

44.该收多少钱 >>>

他们两个一共送到洗衣店12只袖套与18只硬领。清洗每只硬领需要2美分,而每只袖套则需要2.5美分,所以查理应付的钱数为39美分。

45.上前线的时间 >>>

37周后第五兵团被派往前线。

46.现在几点 >>>

现在是早上9:36。

47 高超的理发师

有一位技艺高超的理发师想申请一项理发记录，他能够在15分钟内完成最好的剃须和理发。但是因为照片上没有明确的指针标注，只能让理发师的顾客做出证明：理发结束的时候，分针和时针的距离与理发开始时的距离相等。理发开始前，分针在后，时针在前；理发结束后，分针在前，时针在后。

你知道理发开始的时候和结束的时候时针和分针的位置吗？

48 制作钟表的原理

一个下落的物体，在第一秒内下降了16英尺(合4.8768米)，第二秒内下落的高度为3×16英尺，第三秒内下落了5×16英尺，照此类推。这就是我们制作钟表的原理。

现在有一道题目：假设挂钟的钟摆长度数字(单位为英寸)与挂钟每分钟摆动的频率数字相同，请问钟摆应该有多长？

49 山有多高

有位爬山的人说,他爬山的速度为每小时 1.5 英里,下山速度为每小时 4.5 英里。他爬这座小山一个来回用了 6 个小时。你能算出这座小山有多高吗?

50 工资的分配

威尔逊买了一个农场,雇了 3 个外国人来帮他干活。工头的工资是每天 1.1 美元,杂工 1 美元,助手 0.9 美元。平均下来每人每天 1 美元。他们和威尔逊约定工作 101 天,发放工资 303 美元。

第二天,突然有两个人找到威尔逊同时要求缩短工作时间并增加工资。威尔逊觉得他们说得挺有道理,就答应了。大家都很满意。一个季度过去了,威尔逊向总共工作了 303 天的工人每人支付了 101 美元。

请问这三个外国人各自的工资和工时分别是多少?

答案在这里，快来找吧

47. 高超的理发师 >>>

满足条件"理发结束的时候，分针和时针的距离与理发开始时的距离相等。理发开始前，分针在后，时针在前；理发结束后，分针在前，时针在后"的位置共有 11 个，但是需要满足图中秒针位置的答案只有一个。开始时间为 10 点 47 分 $2\frac{8}{11}$ 秒，结束时间为 11 点 2 分 $2\frac{8}{11}$ 秒。

48. 制作钟表的原理 >

52.02981 英尺（1.3216 米）长的钟摆每分钟摆 52.02981 次。

49. 山有多高 >

山的高度为 6.75 英里。

50. 工资的分配 >

工头的工资为，第一天 1 美元，之后的 90 天每天 1.11 美元，共计工时 91 天，工资 101 美元；杂工的工资为，101 天共计 101 美元；助手的工资为，第一天 90 美分，之后的 110 天每天 91 美分，共计工时 110 天，共计工资 101 美元。

51 龟兔赛跑

大家都知道龟兔赛跑的故事。跑步速度很快的小兔子和一只乌龟在直径为100米的圆形跑道起点处背向而行。骄傲的兔子看不起乌龟的速度，于是决定让乌龟先跑，等到乌龟跑完全程的1/8以后，才吊儿郎当地开跑。一边跑还一边在路上吃吃青草。直到碰到迎面而来的乌龟，它才跑了全程的1/6。兔子应该把速度提高到之前的多少倍才能在这场比赛中取得胜利？

52 酒贩子的鸡尾酒

有一位私人酒贩用车载了两桶酒去卖，一桶是苹果白兰地，一桶是苹果酒。桶的大小为31.5升。酒贩子可以用这两种酒在26升的小桶里勾兑出一种价格为21美分的私酿鸡尾酒。但是现在他只有一个2升和一个4升的容器。如果苹果酒的售价是每升17美分，苹果白兰地比它贵5倍。请问酒贩子要怎么勾兑最简单？

53 花乡有多远

一位旅行家想去往一个远近闻名的花乡，于是就到处打听应该怎么去。

有人告诉他，要去花乡只有一条路可以走，他既可以乘公共马车，也可以步行，还可以选择两种方式结合。

旅行家根据好心人的指引拟出了四个方案：

全程乘车。但是需要在途中的一个驿站耽误30分钟。

全程步行。如果他和马车同时出发，当马车到达目的地的时候，他距离花乡还有1英里。

先步行到达途中驿站，然后乘坐马车。如果他和马车同时出发，当马车到达驿站，他才行进4英里的路程，但是当他到达驿站，刚好可以赶上在驿站停留30分钟的马车重新出发，他就可以坐上马车到达花乡。

先坐马车到达驿站，然后步行至花乡。这种方案可以最快到达花乡，并且比马车提前了一刻钟。

根据旅行家的方案，去花乡的路程有多长？你算出来了吗？

54 迟到的火车

根据火车机械师傅派克的说法，他们出发后 1 小时火车就出现了故障，然后就只能以之前速度的 3/5 前进。因为减速，火车迟到了两小时。如果火车多行进 50 英里才出故障，火车就会少迟到 40 分钟。

你能算出这两个火车站相距多远吗？

答案在这里，快来找吧

51. 龟兔赛跑 >>>

85/4 倍。

龟兔相遇的时候，兔子只完成了全程的 1/6，在兔子开跑的这段时间内，乌龟走过的路程为 5/6-1/8=17/24。则乌龟的速度是兔子的 17/4 倍。如果兔子想赢得比赛，就需要在乌龟跑完剩下的 1/6 之前完成 5/6，所以它需要把速度提高 17/4×5 倍。

52. 酒贩子的鸡尾酒 >>>

先将两个容器装满苹果酒，接着将桶里剩下的苹果酒全部倒进小桶里，然后把容器里的苹果酒倒回苹果酒桶里，再用小容器量2升苹果酒倒入苹果酒桶。这之后用小容器量2升的苹果白兰地倒入小桶，并用混合后的酒装满两个容器。现在小桶中的混合酒里，白兰地的含量为1.529升，再将小桶用苹果酒装满。此时，这种混合酒中苹果酒的含量是苹果白兰地的16倍。

53. 花乡有多远 >>>

9英里。

54. 迟到的火车 >>>

两个火车站之间的距离为200英里。

55 找不开钱

有一天我坐车的时候碰见一位局促不安的老人,他手里拿着1美元正在买车票。售票员有94美分,应该可以找开1美元,可是他刚好差1美分,读者朋友们知道售票员为什么找不开钱吗?

56 寺庙的历史

在意大利有一座古老的寺庙，这座寺庙有一个规定，要求人们每周捐献1枚硬币。人们每个周六向箱子里放1枚硬币。根据规定，只能在年末的最后一天开箱清点，并且这一天还必须是周六。他们一共清点过三次。

假设这座寺庙建于某一年的第一天，这天正好是周六，之后的每个周六都向箱子里放入1枚硬币，下一个周六正好是年底，人们清点钱箱里的硬币。这些硬币能被平均分为4堆、5堆和6堆，并且每一堆的硬币一样多。请问这座寺庙存在多少年了？

57 两个人的赛跑

两个小伙伴威利和查尔斯在一个小山上赛跑。已知山脚距离山顶的路程为440码（即1/4英里）。威利到达山顶后立即返回，在离山顶20码的地方和正在往山上跑的查尔斯相遇。结果威利比查尔斯提前半分钟完成了比赛。并且他们下山的速度都为他们各自上山速度的1.5倍。

请问，威利跑完全程用了多久？

58 混乱的赛艇比赛

三个对海上事务一窍不通的人担任一次国际赛艇比赛的计时员。他们需要对赛艇的速度做准确的记录。但因为他们不熟悉这项工作,记录得非常混乱。

在他们的记录中,比赛被分成了两个阶段,这两个阶段还有部分重叠。第一阶段的计时工作由威廉完成,但是他只报告了赛艇用 3.5 个小时完成了整个航程的 3/4,而没有给出确切的出发时间。在记录了这一段以后,他由于晕船退出了,由大卫和迈克接替他的工作。大卫对后一段航程记录,赛艇完成整个航程的后 3/4 段用了 4.5 个小时。迈克负责记录中间一段比赛,但是他太着急上岸了,所以只注意到中间一段的航程比第一段的航程多花了 10 分钟。

如图,比赛的航线是一个由 A、B、C 浮标围成的等边三角形,每段航程为 10 公里。帆船在此过程中速度保持不变。比赛开始于 10 点零 9 分,你知道比赛什么时候结束吗?

答案在这里，快来找吧

55.找不开钱 >>>

　　这是一个关于美国硬币的小问题。售票员刚好差1分钱找不开老人手中的1块钱。从售票员手里的硬币我们可以看出他有一个50分的硬币，两个20分的，一个3分的和一个1分的。因为图中两个最小的硬币不是一般大小，我们可以推断出它们并不是像某些人认为的那样是两个2分的硬币。

56.寺庙的历史 >>>

　　寺庙存在了500年。

57.两个人的赛跑 >>>

　　威利用了6分钟18秒。

58.混乱的赛艇比赛 >>>

　　第一个赛段用时80分钟，第二赛段为90分钟，第三赛段为160分钟。总共用时5.5个小时。如果比赛开始于10点零9分，应该在下午3点40分结束。

59 猴子爬滑轮

这是道看起来很简单的力学题目，但据说出题者自己回答起来都备感吃力。就让我们来看一看吧。

一根搭在滑轮上的绳子，一端挂着一只重量为 10 磅的砝码，另一端吊了一只猴子，此时滑轮正好处于平衡状态。试问现在猴子沿着绳子往上面爬，砝码会动吗？如果会，它是向上还是向下呢？

60 倒霉的探险队员

北极探险队有一位队员想按照北极当地的风俗给自己娶亲。这里的土著睡觉睡在一种熊皮做的袋子里，求婚的风俗是让情郎悄悄地摸进对方家里，将自己相中的姑娘连同睡袋一起背回家。

这位队员走了很远的路去娶亲。他前往的时候速度是每小时 5 英里，返回时因为负重，速度只有每小时 3 英里，一个来回他一共花了 7 个小时。他回到自己的营地准备向队友们炫耀自己的战果时，却发现自己竟然把姑娘的爷爷背了回来。

请你算算这位倒霉的队员走了多远？

61 粗心的计时员

在一次快马表演赛中，粗心的计时员记录下了快马在前 3/4 英里的用时是 81.75 秒，后 3/4 英里用时为 81.25 秒。已知马在全程的速度都是相同的，而且记录的数据也没有错，但是他没有算出快马跑完全程用了多长时间。你能帮帮他吗？

62 捡土豆比赛

有一个捡土豆的游戏，比赛的规则是，用 100 个土豆在地上排成一条直线，土豆之间的距离是 10 英尺，参赛的队员需要把它们捡起来放到距离起点 10 英尺的一个篮子里。年长的或者速度快的选手必须让给另一个队员一个或者多个土豆。比如说杰克和奥哈德（杰克比奥哈德大四岁）参加比赛，奥哈德可以先捡回一个土豆放进篮子里，然后杰克才能开始比赛。

请问，参赛队员捡回所有土豆需要跑多远？

答案在这里，
快来找吧

59. 猴子爬滑轮 >>>
    猴子与砝码的高度始终相同。
60. 倒霉的探险队员 >>>
    他往返的路程为 26.25 英里。
61. 粗心的计时员 >>>
    跑完 1 公里用时 1 分 48.5 秒。
62. 捡土豆比赛 >>>
    需要跑 101000 英尺。

63 距离问题

有两个小镇相隔 189 英里，去那里的游客可以坐火车也可以坐老式马车。

现在有这样一道题目：四轮马车和火车同时各自从两个镇出发（假设四轮马车从 A 镇出发，火车从 B 镇出发），根据里程碑我们可以知道两车相遇时，相遇地点离 A 镇比离 B 镇远，其中相差的公里数和马车行驶所用的小时数相等。

你可以用上面的数据算出两车相遇的时候，马车离 B 镇还有多远吗？

64 逃跑的小猪

有个叫吉米的小男孩养了一只小猪，有一天调皮的小猪逃走了。于是吉米从图中右上角的大门跑来追他的小猪。在距离大门 250 码的南边大树下，猪和人同时开始跑，且速度都保持不变。小猪向东边逃走，吉米始终正对着小猪跑。已知吉米的速度是小猪的 3 倍，请问在抓住小猪之前，吉米跑了多远？

65 路边的电线杆

我乘车外出的时候经过一段 3 英里长的公路。根据秒表,我发现我的汽车每分钟经过路边的电线杆的数目乘以 3 英里后,结果刚好等于汽车的时速(英里/小时)。如果汽车的速度一直保持不变,且电线杆之间都是等距的。请问相邻电线杆之间相隔多远?

答案在这里，快来找吧

63. 距离问题 >

两车相遇时，马车距离 B 镇还有 $52\frac{11}{16}$ 英里。

64. 逃跑的小猪 >

吉米需要跑 $571\frac{3}{7}$ 码才能抓到小猪。

65. 路边的电线杆 >

相邻电线杆之间相距 319 英尺。

66 越野赛马

图上画的是一场已经接近尾声的乡间越野障碍赛马会，只剩下了整个赛程的最后 1.75 英里。领先的几名参赛选手之间距离非常接近。谁要想赢得这场赛马比赛，就需要找到通向旗帜的捷径。

我们在图中可以看到，终点的旗帜在长方形麦田的角落里飘扬。长方形麦田边上有一条路，一边为 1 英里，另一边为 0.75 英里。有选手想要穿过麦田走捷径，但是因为田里的地面凹凸不平，所以从这里穿过时速度要减少 25%，请你算一算，选手们应该在最后路段的什么位置穿过麦田实现最快到达终点？

67 约翰逊的自行车

自行车手约翰逊和女朋友骑自行车外出，女朋友的速度是 1 公里 5 分钟，约翰逊骑自己的车速度为 1 公里 3 分钟，骑女朋友的车 1 公里则需要 3 分半钟。半路上约翰逊的自行车轮胎坏了。如果他们步行的话，女朋友的速度是 20 分钟走 1 公里，约翰逊则需要 15 分钟。家里有备胎，如果换上备胎的话，需要 10 分钟。他们早上 10 点出发，需要在下午 6 点回家。在上述条件下，他们一共骑了多少路程？

68 牧场里的生计

罗宾汉带着一只羊和一只鹅经过一个牧场,一个挤奶女工提议说:"为什么不在我的牧场里养你的羊和鹅呢?"

假设羊和鹅一天所需的食物加起来等于一头奶牛每天的食量。这个牧场能够养活一头奶牛和一头羊 45 天,养活一头奶牛和一只鹅 60 天,或者养活一只羊和一只鹅 90 天。现在挤奶女工接受了罗宾汉的羊和鹅,再加上她自己的一头奶牛,这个牧场能养活它们多少天?

69 敏捷的奶牛

有一天,一头花奶牛站在距离桥中心 5 英尺的地方,突然看见距它较近的桥头方向有一辆特快列车飞速驶来。此时火车离较近的桥头的距离为桥梁长度的 2 倍。火车的速度为每小时 90 英里。

奶牛迅速朝火车开来的方向冲去,当它的后腿刚离开铁轨,差 1 英尺就被火车撞到。如果按着一般人的直觉,顺着火车开来的方向逃跑的话,它就有 3 英寸的屁股留在桥上了。

你能根据这些数据算出这座桥有多长吗?奶牛的速度又是多少呢?

答案在这里，快来找吧

66.越野赛马 >>>

在1英里赛道的1/8处抄近路骑到终点，用时2分51秒，可赢得比赛。

67.约翰逊的自行车 >

约翰逊的自行车出现故障的时候，他们离家 $33\frac{3}{17}$ 公里。约翰逊的车共经过了 $66\frac{6}{17}$ 公里，女朋友的自行车经过了 $112\frac{16}{17}$ 公里。

需要注意的是，约翰逊修车的过程中，女朋友可以继续骑车前进。

68.牧场里的生计 >

36天。

这道题目需要考虑到牧场上每天草的生长量。现在已经知道，羊和鹅加在一起吃的和牛一样多，所以，牛和羊在45天里吃掉的草(包括原有的与新生的)可以养活两只羊和一只鹅。而一只鹅与一只羊吃完这些草需要90天，由此可以知道，一只羊吃完原有的草需要90天，这只鹅吃草的速度刚好跟草生长的速度一致。所以，如果奶牛每天吃1/60原有的草，羊每天吃1/90，则它们在一起每天吃1/36。由此可知，羊和牛用36天吃完现有的草，而鹅则吃每天新长出来的草。

69.敏捷的奶牛 >

火车的速度是奶牛的5倍，奶牛的速度为每小时18英里。桥的长度为48英尺。

设桥长为x英尺，那么奶牛逃跑的路程就为1/2x-5英尺。同时，火车行驶的距离为2x-1。如果奶牛顺着火车逃跑，在火车撞上奶牛的时候奶牛所跑过的路程为1/2x+5-1/4英尺，同时火车驶过3x-1/4英尺。在这两种情况下奶牛所跑过的距离相加得x-1/4英尺。同时火车行驶的路程为5x-5/4英尺，可以看出火车的速度是奶牛的5倍。由火车的速度可得奶牛的速度为每小时18英里。

又火车和奶牛相撞用时相等，可列出方程(1/2x-5)/18=(2x-1)/90，解方程可得桥长为48英尺。

游戏可有趣啦

快来玩思维推理谜题吧!

70 杰克多大了

史密斯太太说:"麦克现在的岁数是他被允许喝酒时的岁数的1倍,麦克可以喝酒的时候,小杰克刚40个月,杰克现在的年纪比我在麦克能喝酒时的年龄的一半大2岁。当杰克长到和麦克能喝酒时的年龄一样大的时候,我们三个人的年纪加起来刚好100岁。"

你知道杰克现在多大了吗?

71 神奇的年龄计算

有一个简便的方法来猜出一个人的年龄。比如一个生于11月的13周岁女孩,首先用她出生的月份11乘以2,再加上5,然后将得到的结果乘以50,再加上她的年纪,减去365,加上115。此时的结果为1113。我们很快可以看出她生于11(结果的前两位)月,今年13岁(结果的后两位)。这个方法适用于100以内的所有年龄。10岁以下的年龄,十位上的数字为"0"。

你知道这个方法的奥妙在哪儿吗?

72 台球室的规矩

按照这个台球室的规矩，打台球的钱必须由这一局的输家来付。现在有三个人要打一局15个球的台球，1号是个台球高手，所以他答应让2号和3号联合起来对付他。他们正要开始的时候，来了第四个人，他和他们都不熟，所以按照惯常的标准和先来的三个人开始了比赛。

图中的积分架上是这一局中每个人打进的球的个数。根据开始比赛时的约定，这局的钱应该由谁来付呢？

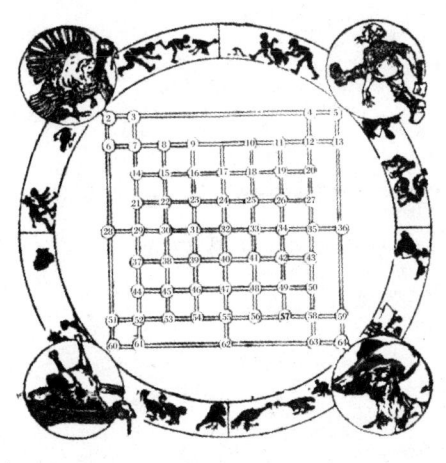

73 农夫捉火鸡

如图所示，这是一个有趣的智力题，也是一个好玩的游戏。

玩法如下：在7号位置上放上代表火鸡的棋子，58号位置上放上代表农夫的棋子。游戏的双方轮流移动棋子，一方移动火鸡，另一方移动农夫。移棋的规则是，在直线上可以不受距离和方向的限制，任意行走。但当一方的棋子停留或者穿越过对方能够移动的直线上的时候，就要被对方抓住。比如说，火鸡从7号走到52号，停留的58号上的农夫可以到达52号，所以马上就可以把火鸡抓住了。如果是农夫从58号走到4号，因为他穿越了火鸡的封锁线，火鸡可以在他通过12号的时候把他捉拌。

游戏以抓住对方为赢。那么，农夫需要采用什么样的策略才能赢得比赛？

另一个问题是，游戏规则不变，但是火鸡保持不动，需要农夫在24步之内把火鸡抓住，而且必须要把棋盘上的每一个位置都走过。你能帮他吗？

答案在这里，快来找吧

70. 杰克多大了 >>>
略。

71. 神奇的年龄计算 >>>
略。

72. 台球室的规矩 >>>
应该由1号来付钱。

73. 农夫捉火鸡 >>>
农夫的走法应该如下：
火鸡8——农夫50——火鸡30——农夫47——火鸡29——农夫46——火鸡37——农夫45——火鸡29——农夫38——火鸡28——农夫37——火鸡51——农夫29——火鸡60——农夫52，至此火鸡被农夫抓住。

74 圆形桌子

你能将如图所示的两块椭圆形木板锯成几块后拼出一张圆形桌子吗？或者将一块圆形的桌子锯成几块拼出图中的两块椭圆形板子。

75 修道士的游戏

有几位修道士在一起用硬币玩游戏。如下图，每个格子放 1 枚，要使每行所放的硬币数目为偶数，而且硬币需要排成 10 行（包括横行、竖行、斜行）。

现在的要求是重新排列图上的硬币，形成最多的偶数行。应该怎么做？

76 大象的链子断了

如果图中大象后腿上的铁链断了,会发生怎样的事情呢?它会压倒小丑,还是吞下另一个小男孩呢?请你动手把图片剪成两半后拼合到一起,看看到底会发生什么事情。

77 安妮多少岁

安妮非常在意自己的年龄。40年前,当她还是个小姑娘的时候,如果有人问她多大了,她总是机灵地唱一首歌谣来回答:"5乘以7乘以3,加上我的年纪,再减去6乘以9加4,等于我年龄的2倍减20。"

请你算算安妮现在多少岁?

答案在这里，快来找吧

74. 圆形桌子 >>>

答案如图所示：

75. 修道士的游戏 >>>

10枚硬币排列如下图：

76. 大象的链子断了 >>>

会发生如下图这样的事情：

77. 安妮多少岁 >>>

安妮现在的岁数是58岁。

78 分割月牙

用铅笔和直尺画出 6 条直线来分割画面中的月牙,你最多能把月牙分成几个部分?

79 算数游戏

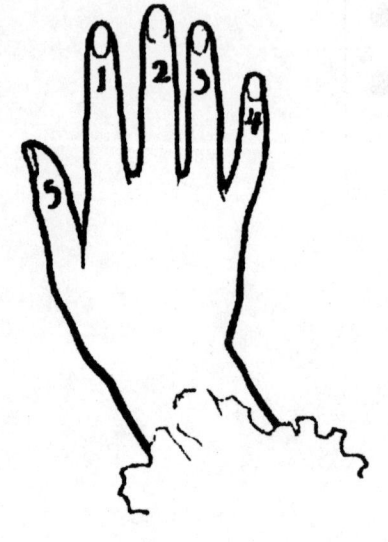

这是一个两个人玩的游戏。既可以使智力得到开发,也可以使心算能力得到提高。

首先如图所示,在一个人的手上写上数字。找一个戒指或者其他什么作为标记物,以标记玩家所叫数字的位置。

玩法为:一个人开始叫数,比如甲叫 5,并把戒指放在大拇指的位置;乙将戒指移动到中指的位置(2),就要叫出两数的之和 7,以此类推,直到其中一个人得出 34 就算赢得比赛。但是如果结果超出了 34,那么叫出大于 34 数字的人就输掉了比赛。

一开始叫哪个数字很有学问,你想清楚了吗?

80 剪裁的智慧

有位喜欢智力题目的臣民给了美丽的公主一个建议去测试御用裁缝的智慧：把这张果园规划图纸（如图）交给裁缝，上面用各自的果实代替果树，一共有 8 棵苹果树和 8 棵梨树。让他从其中的任意一棵果树开始，最后到达图上方心形的位置，要求是最短路线。

这位臣民的题目，你会做吗？

81 最少需要移动多少次

这是"袋鼠"坦克的履带形状。请你挑选一个由 12 个字母组成的单词，将字母依顺序放在上面的一排白色圆圈内，一个圆圈放一个字母，然后依次向下移动一个字母，在可能时，也可以跳过一个字母向下移动，最终将所有字母顺序排列到最下面的一排。

请你想一想，最少需要移动多少次？

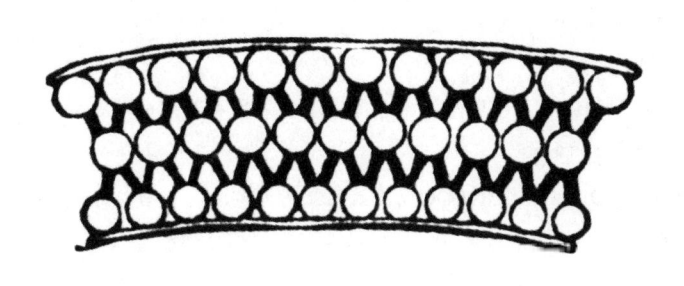

答案在这里，快来找吧

78. 分割月牙 >>>

答案如图：

79. 算数游戏 >>>

想要在比赛中获胜，需要能够在拇指上叫出32，或者能够在中指上叫出32或19或16或6，或者能够在无名指上叫出31或24或11，或者能够在小指上叫出30或17。几个关键的点分别为9、15、22、28。

80. 剪裁的智慧 >>>

最短路线为：15、16、12、11、10、14、13、9、5、1、2、6、7、8、4、3，然后到达心形。

81. 最少需要移动多少次 >>>

选择单词"WOOLOOMLOOLOO"，澳大利亚悉尼市杰克逊港附近一个海湾的名字。只需要移动12步。

82 妈妈多少岁

幸福的一家三口的年龄加起来为70岁。其中爸爸的岁数是女儿的6倍。当一家三口的年纪达到70岁的2倍的时候,爸爸的年纪也为女儿的2倍。

我们想知道的是,妈妈现在多少岁?

83 猜年龄

有一位老师喜欢年纪大一点的孩子,于是他把班上的同学按男生女生分成了两个组,哪一组的年纪大,就奖励哪一组。

其中有两个组,一组只有一个男生,另一组只有一个女生。男生的年纪是女生的两倍,于是男生得到了奖励。

不服气的女生第二天叫来了自己的姐姐,两个人的年纪加起来是男生的两倍,于是,老师把奖励给了女生。

第三天,男生的哥哥和他一起来了,他们的年纪相加是两个女生的两倍,于是又是男生得到了奖励。

第四天,两个女生带来了自己的大姐姐,三个人的年纪加起来正好是两个男生的两倍,女生又赢得了奖励。

现在我们已知第四天刚好是大姐姐 21 岁的生日,那么,第一个小男生有多大?

84 乘务员的行话

我和夫人上星期去镇上看我们的儿子。在火车上顺便学习了一下乘务员们的行话。

有个小伙子想冒充司炉工的兄弟以省下车费,于是乘务员随口问道:"现在几点了?"小伙子答道:"差一刻一点。"他马上被乘务员赶下车,丢到沼泽地里。

"一个连十二点四十五的说法都不知道的铁路家属,活该被赶出去。"乘务员说道。

粗暴的乘务员让我们都心有余悸,于是当我问我们在下一站停多久时,他回答说:"4 分钟,222222(突突突突突突)。"虽然我不太明白,但是不敢再问了。

后来想了好久,我终于知道了乘务员的"突突突突突突"不是马达声而另有其意了。你知道吗?

85 吉米摆鸡蛋

吉米给喜欢智力游戏的国王带来 9 个鸡蛋,然后让国王摆放它们的位置,并用线段将鸡蛋连接起来,以实现有 3 个鸡蛋的线段数最多。

国王经过不懈的努力,终于找到了一种可以摆出 8 条有 3 个鸡蛋的线段。不料却被吉米嘲笑为"一岁小孩都能摆出"的失败之举。

接着吉米又给国王提出了第二个题:用一条连续的直线将鸡蛋连起来,要使最后的图形中包含最少的线段数目。国王做出来的结果为 6 条,又被吉米嘲笑为"愚蠢的答案"。

那你知道吉米还有更好的办法是什么吗?

答案在这里，快来找吧

82. 妈妈多少岁 >>>

妈妈的年龄为29岁零2个月。

83. 猜年龄 >>>

小男生的年纪为1276天。

大姐姐的年纪为21岁，换算成天数就是7665天，再加上4个闰年每年要多出来1天和生日当天的这一天，大姐姐的年纪为7670天。

此题需要注意的是，每个孩子的年纪是每天都在变化的，如果忽视了这一点，就很容易算出错误答案。

84. 乘务员的行话 >>>

乘务员的回答为：Two to two to two two。从差两分钟两点到两点过两分。

85. 吉米摆鸡蛋 >>>

依照如图所示的方法摆放鸡蛋，可以得到比国王更好的结果：

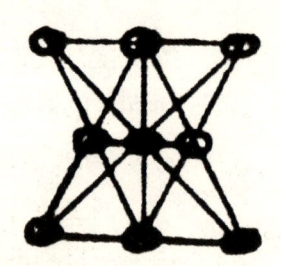

如下图，用此方法连接鸡蛋线段数为4。

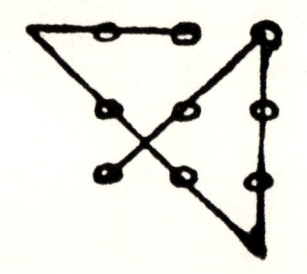

86 巧窃钻石

伟大的作家大仲马有一篇小说描写了一桩离奇的盗窃案。有一位做首饰的工匠利用工作之便偷盗了很多贵妇人的珍贵宝石，他将宝石替换成赝品或者改变宝石的位置，让别人不易察觉。

有一位贵妇人将一枚镶了 25 颗钻石的古董胸针交给这位工匠修理。她无意间向他透露了自己清点钻石的方式，她喜欢从上到下点数到中间，然后再从中间依次向左、右和向下清点。三个方向的钻石数目都是 13 颗。

这个狡猾的工匠相当有礼貌地当面把钻石清点给贵妇人看，这位贵妇人在以后的时间里也以一样的方法清点自己的钻石，每个方向上的钻石仍然为 13 颗。她一点儿也没有察觉到自己最好的两颗钻石已经被工匠偷走了。这个工匠变换了钻石的排列方法，从而掩饰了自己的罪行。你知道他对胸针做了什么手脚吗？

87 破碎的镜子

如图所示是一面被摔碎的圆形镜子，请问你能将它们还原吗？

88 方阵的人数

英王哈德罗二世将要迎战诺曼底的威廉将军，这是发生于 1066 年 10 月 14 日的"黑斯廷斯之战"。

按照惯例，哈德罗的军队排列成了十三个方阵，且每个方阵都有相同的人数。假如哪个诺曼底人想悄悄溜进方阵，就会被毫不客气的撒克逊战斧一击毙命。如果哈罗德本人现在加入自己的方阵，它们即形成了一个更为强大的大方阵。

请你想一想，哈罗德的军队可以分为十三个人数相同的方阵，他加入以后能形成一个大方阵，那他的军队的人数为多少？

答案在这里，
快来找吧

86.巧窃钻石 >>>

　　这个狡猾的工匠将上面的宝石增加了1颗，就可以拿掉2颗而不被贵妇人发现。

87.破碎的镜子 >>>

　　如图所示：

88.方阵的人数 >>>

　　421200人。

89 约克逊叔叔的表链

约克逊叔叔有一根十分有古典味道的表链，它由四枚硬币组成，上面连着怀表，下面吊着一只鹰。如图所示，硬币上都打了小孔，分别为5个、4个、3个和2个，链条就是通过这些小孔串起了硬币。选择穿过不同的小孔，链条的链接方式就不同，因此每条表链也不同。那么请你想一想，一共可以链接出多少种不同的表链？

90 移动杯子

如图所示，首先准备4个空杯子和4个装了一些酒的杯子。然后交换相邻杯子的位置，最后让所有的空杯子和装酒杯子间隔排列。记住，只能在相邻的两个杯子之间移动。

如果你足够快的话，就会造成瞬间大挪移的效果，你能做到吗？

91 摘花瓣游戏

有一年的夏天,我跟随一个旅游团去瑞士阿尔卑斯山区,自阿尔特多夫往弗吕伦一带游历当地的风景名胜。当行走了一天的我坐下来休息的时候,看到旁边有个当地的小女孩儿正在采雏菊。我决定逗一逗她,于是就告诉她怎么用数花瓣的方法来预测她日后的婚姻状况,比如她的丈夫是做什么的,富有还是贫穷,是老师还是乞丐等等。她回答说在她们当地很流行这种游戏,但是游戏规则有点不一样。两个人用一朵花,每个人依次随意摘取一片或者两片相邻的花瓣,轮流玩下去,一直到花瓣都摘完。摘到最后一片花瓣的人就是赢家,而拿到光秃秃的花枝的人就被戏称为"老姑娘"。这个小姑娘当下就和我们玩起了这个游戏,让人吃惊的是,她居然赢了我们旅行团的所有人。不管是谁先开始游戏,她始终是赢家。

如果是你来和她玩这个游戏,就用图上这朵有 13 片花瓣的雏菊,用做标记代替摘花瓣,每个人依次在一片或者相邻的两片花瓣上做标记,标记最后一片花瓣的人就赢得了比赛。你知道要怎么做才能赢得比赛吗?

答案在这里，快来找吧

89. 约克逊叔叔的表链 >>>

92169 种。

链条穿过各枚硬币的方式分别为 10 种、8 种、6 种和 4 种，连接鹰的方式有 2 种，一共就有 3840 种串连方式，4 枚硬币有 24 种排列方式，所以表链的连接方式就有 92169 种。

90. 移动杯子 >>>

移动 2 和 3 到一端，在空白处填上 5 和 6，再在空白处填上 8 和 2，最后在空白处填上 1 和 5。

91. 摘花瓣游戏 >>>

后做标记的人只要能把花瓣分成数目一样的两组就一定能赢得比赛。

92 掷骰子游戏

如图所示,斯洛波普国王正在和岛上的野人玩掷骰子的游戏。游戏的规则是:每个人依次掷一次骰子,但是两个人的计分方式不一样,国王的得分为骰子落地后顶面上的数字和任意一个侧面上的数字相加;野人的得分是剩下三个侧面上的数字相加。

现在是野人掷了骰子,结果他输了国王 5 分。那么请问,骰子落地后,顶面上的数字是多少?

图中杰妮芙公主记录的是野人的得分。但是野人每只手只有三根手指头,所以他们的计数方法是六进制,如果以他们的方式,他的得分要比 109778 大很多,你知道是多少吗?

93 躲起来的邦尼兔

如图所示,将右边的一幅图沿着虚线剪下来并和左边的图拼在一起,看一看邦尼兔躲在哪儿。

94 木球瓶游戏

据说,德国的木球瓶游戏是现在的保龄球运动的原型。在这个游戏里面,一个球道一个球瓶。因此,每击一次只能击倒一个或者两个球瓶。因为游戏中的选手和酒瓶离得很近,很容易就可以击倒任何想要击倒的球瓶,几乎不需要什么技术。

游戏的时候,常常是两个人轮流击打,所以在一开始能击中几个球并不能对比赛结果造成什么影响。决定比赛输赢的,是要看谁把最后一个球瓶击倒。

现在迈克正和布朗叔叔比赛,布朗叔叔在上一轮击倒了 2 号球瓶。接下来迈克需要做出选择:要么击倒任意一个球瓶,要么朝着任意两个球瓶之间的空当投去,以击倒相邻的两个球瓶。

如果参赛的双方都可以轻易地击倒一个或两个球瓶,这两个人正常进行比赛到结束。那么迈克应该怎么出击,才能赢得这场比赛?

答案在这里，
快来找吧

92.掷骰子游戏>>>

　　骰子的顶面上是1,加上侧面上的4,那么野人的得分为5。另外三个侧面上的2、3、5相加起来,国王得到10分,故国王赢了野人5分。

　　十进制的109778换算成六进制后为2204122。

93.躲起来的邦尼兔>>>

　　将剪下的图案逆时针旋转90°以后与左边的图案拼接到一起,邦尼兔就站在两个图案之间。

94.木球瓶游戏>>>

　　迈克应该击倒6号球瓶,将剩下的球瓶分成分别为1个、3个、7个的三组。在接下来的比赛中,不管布朗叔叔采用什么样的技巧,瑞普都可以取胜。

95 三角形的个数

图中所画为所罗门王的印记,国王拿着放大镜想数出所罗门王的印记里一共有多少个正三角形,你知道吗?

96 奔跑的大象

如何将图中的大象变成奔跑的样子？请尝试着重新拼接一下。

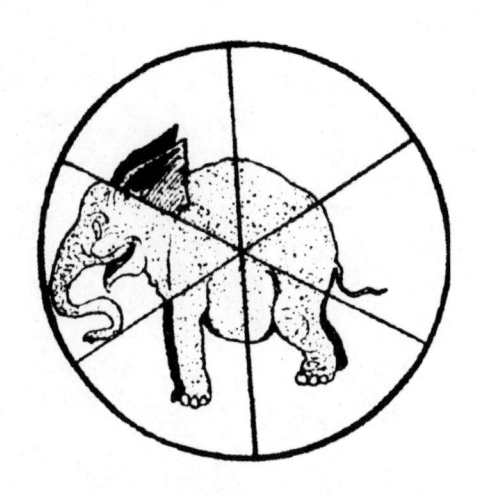

97 十二子棋

这个游戏曾被已故经济学家亨利·乔治称为"最奥妙的东西"。它改编自人们熟知的在多角星上布放棋子的智力游戏。

如图所示,游戏要求在 13 个点上放进 12 枚棋子。每枚棋子只能沿着两条线段中的一条移动到另一空点处,且移动之后就不能再动这枚棋子。需要你将所有的 12 枚棋子都移动一下,应该怎么开始?

如果你顺利解决了第一个问题,那么就来挑战更加困难的第二个问题。首先找一个由 12 个字母组成的英语单词,并将这些字母标记在棋子上。现在将单词的字母按顺序排列在图上,要求在放好之后能够沿顺时针方向正确地拼出单词。

你能不能找到满足这些要求的 12 个字母的单词呢?

98 分割棋盘

有人送了心灵手巧的小木匠一个工具箱作为圣诞礼物。聪明的他想要做一个精致的棋盘送给他的偶像拉斯克博士。拉斯克博士是个绝佳的棋手,曾经获得过国际象棋大赛的世界冠军,同时也是一位数学家和智力题的爱好者。

但是在这道题上,他是否能够赢过我们聪明的读者呢?

题目是,把一个国际象棋的棋盘划分为大小、形状不等的小块,最多能够划分几块?需要记住的是,棋盘只有64个颜色不同的格子。

答案在这里，快来找吧

95. 三角形的个数 >>>

所罗门王的印记里有 31 个正三角形。

96. 奔跑的大象 >>>

答案如图：

97. 十二子棋 >>>

答案为：Wooloomooloo。

98. 分割棋盘 >>>

如图所示，可以分为 18 块。

99 善妒的情人

有四对情人决定一起私奔,他们需要经过一条小河,但是只有一条船,而且这条船每次只能坐两个人。这几对情人的嫉妒心都很强,绝不允许自己的情人和彼此的情人单独相处。也就是说,如果只有一个女人留在岸边或者对岸的小岛上,她们也决不允许除这个女人的情人以外的任何一个男人单独乘船过河。

请问你有什么办法将这四对善妒的情人渡过河?

100 精明的老板

经营顺利的老板心情非常好,于是他决定给一直工作勤勤恳恳的速记员加工资。他对自己的速记员说:"从今天开始,我决定给你加工资,今天以后的第一年里,我将以一年600美元按周付薪金给你;第二年以700美元为准;第三年以800美元为准,以此类推,每年增加100美元。"

心怀感激的速记员高兴地回答道:"这来得太突然了,为了让我不至于过于激动,还是让奖励来得保险些吧,从今天开始,你以一年600美元的标准付给我工资,6个月后提高25美元,如果我的工作表现一直让你很满意的话,在以后的时间里,就继续每6个月给我增加25美元年薪。"

老板欣然接受了这位忠实员工的提议,但是从他狡黠的笑容里,我们知道这位老板一定没有吃亏,你知道这其中的奥妙在哪里吗?

答案在这里，快来找吧

99.善妒的情人 >>>

渡河的方案如下：

(1)A先生和A太太过河； (2)A先生返回；

(3)B先生和B太太过河； (4)B先生返回；

(5)A先生和B先生过河； (6)B先生返回；

(7)C先生和C太太过河； (8)C先生返回；

(9)D先生和D太太过河； (10)D先生返回；

(11)A先生和C先生过河； (12)C先生返回；

(13)C先生和D先生过河。

100.精明的老板 >>>

虽然在速记员自己的提议里，第一年比老板所给的方案多了12.5美元，但是在以后的时间里，她所得到的却在逐步减少。速记员的提议里，每次薪金增加的标准都是年薪提高25美元，即每6个月增加12.5美元。

在老板的提案里，这位雇员5年内应该可以得到4000美元，而速记员自己的提议将使她损失437.5美元。

第一个6个月：300美元；600美元

第二个6个月：312.5美元；625美元

第三个6个月：325美元；650美元

第四个6个月：337.5美元；650美元

第五个6个月：350美元；675美元

第六个6个月：362.5美元；700美元

第七个6个月：375美元；750美元

第八个6个月：387.5美元；775美元

第九个6个月：400美元；800美元

第十个6个月：412.5美元；825美元

101 游客渡河

游玩归来的旅游团需要经过一条小河才能回到原点,这条河上只有一条小船,而且这条小船每次只能运送两个人。团里的女士们没有一个会划船的,偏偏马克先生又和另外的两位男士发生过争执,致使马克太太与另外两位女士也不愉快。他们都坚持不跟对方一起过河。现在所有人都要想办法过河,但是任何有矛盾的两个人都不愿意同时乘船,也不想同时待在河的一边。除此之外,任何一位男士也不可以同时和两位女士待在一起。请问,要将旅游团里所有的人都摆渡过河,需要这艘小船来回多少次?

102 三角形的旗子

你能将如图所示的三角形的旗子裁剪成 4 个部分,然后拼接出一个正方形吗?

答案在这里，快来找吧

101. 游客渡河 >>>

过河方案如下：

(1) 马克夫妇过河；

(2) 马克先生返回；

(3) 马克先生带女士A过河；

(4) 马克先生带马克太太返回；

(5) 马克先生带女士B过河；

(6) 马克先生返回；

(7) 男士a和男士b过河；

(8) 男士a和他太太A返回；

(9) 马克夫妇过河；

(10) 男士b和他太太B返回；

(11) 男士a和男士b过河；

(12) 马克先生返回；

(13) 马克先生带女士A过河；

(14) 马克夫妇返回；

(15) 马克先生带女士B过河；

(16) 马克先生返回；

(17) 马克夫妇过河。

102. 三角形的旗子 >>>

答案如图：

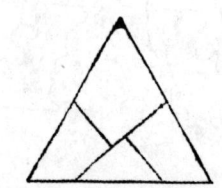

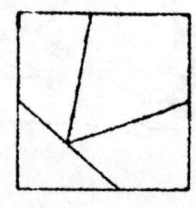

103 军事布阵

有一种布阵方法，能够使不管来自任何一个方向的炮弹，都不能同时击毙两名以上的士兵。这是个巧妙的问题，你可以用一副国际象棋来完成游戏。

如图所示，在 64 格的棋盘上面安放 16 枚棋子，要求在任何一个方向的直线上都不能有两个以上的棋子。如果头两枚放在棋盘中央 4 格的其中两格中，会让题目变得相对容易一些。

你能做到吗？

104 泥瓦工的梯子

有个自作聪明的小男孩想作弄一下正在做工的泥瓦小工，于是就出了一道题目考他："一块砖的重量，等于 3/4 块砖的重量加上 3/4 磅。这块砖有多重？"

泥瓦工也不笨，回答道："你对数字的问题很在行，我对我的梯子的问题也有一手，如果你能答上我的问题，我就回答你的问题。我现在从梯子上去，下来，再上去，两次到达地面，两次到达梯子顶部，并且每一步踩两次梯子，每次跨过的梯子高度都一样，每阶梯子使用的次数也相同，那么，我最少要用几个步骤？"

你知道吗？

105 椒盐卷饼

这是个简单的划线题。朱诺有一个如图所示的椒盐卷饼，现在她要一刀把它切开，请问她怎么能一刀切出尽可能多的块数呢？请你拿笔帮她画一画。

106 暗藏玄机的公平

15个基督徒和15个异教徒结伴同行,在海上遇到了强烈的暴风雨,需要丢掉一半的乘客才能保住船只。船长为人很公正,于是就让30个乘客围坐成一个圆圈,从1到13依次报数,每个数到13的人都将被扔进海里,以此往复,直到挑选出15个人为止。

船上有位虔诚的基督徒刚好是一位数学家,他认为这是上帝给他拯救教徒而毁灭异教徒的一次机会。所以他将30个乘客做了特殊的排列,使每次被选出来的都是异教徒。

这个故事里,数学家排列基督徒和异教徒的方法和下面这个排列黑、红筹码的方法如出一辙。按一定顺序排列黑色和红色的筹码,循环点数,要让每次点到13的都是黑色筹码。方法是,将30个筹码围成圆圈,抽出每次点到的13,抽完15个为止,将剩下的位置换成红色筹码,而空位上换上黑色筹码。

上面的故事是为了解决下面这个问题。

有10个孩子(5个男孩,5个女孩)放学回家的路上捡了5分钱。最先发现钱的是一个小女孩,但是坏小子吉米说,因为大家是一起的,所以应该平分这5分钱。他知道"基督徒和异教徒"的故事,于是决定通过这个方法把女孩子们排除。

他们排成了图中的圆圈,从图画上方不戴帽子的女孩子开始,顺时针方向报数,数到13的孩子就退出,剩下的人继续报数,直到选出5个人。吉米的记忆没有错,果然选出来的都是女孩子,可是他忘了游戏的规则是将钱分给退出的人。所以女孩子们得到了捡到的5分钱。

那么你能不能找到一个合适的起点,使得每次被挑出来的都是男孩子?另外,可以不用数字13,而选用其他的数字代替,使每次留下的都是男孩子。你知道这个数字是多少吗?

答案在这里，快来找吧

103. 军事布阵 >>>

答案如图：

104. 泥瓦工的梯子 >>>

一共需要如下19个步骤：

首先上第一步梯子，返回地面。然后的顺序为：

1，2，3，2，3，4，5，4，5，6，7，6，7，8，9，8，9。

105. 椒盐卷饼 >>>

答案如图：

106. 暗藏玄机的公平 >>>

如果我们从圈子左上方的第二个女孩开始，顺时针方向报数，那么每次数到13的都是女孩；需要留下的是女孩，就将数字替换为14。

107 旅行团的生意

一位向沙漠中的旅行者提供必需品的商人在一次行商中遇到一个问题。一位旅行者来买很多酒和水。他带来了3个10加仑的罐子，要求这位商人在第一个罐子里装3加仑的酒，第二个罐子里装3加仑的水，第三个罐子里装3加仑水和酒的混合物，另外，还要给他们的13头骆驼各自提供3加仑的水。

这位商人只有两个量筒，一个2加仑，一个4加仑。他带了63加仑的水和31.5加仑的酒，最后他圆满地完成了交易，并且没有浪费一丁点儿。如果按照每次将液体从一个容器装进另一个容器为1个步骤，请你算算，完成这笔交易需要多少个步骤？

108 抬驴的父子俩

抬着一头驴的父子俩在路上遇到一位老师。这位老师提议说，比儿子强壮的父亲应该分担大部分的重量。现在已知这只驴重220公斤，如果要让父亲承担其中的125公斤，儿子承担剩下的95公斤，给他们一根2.25米的担子，他们应该如何调整位置呢？

答案在这里，快来找吧

107. 旅行团的生意 >>>

一共需要 506 步。

解决方法：将 31.5 加仑的酒分别灌满 3 个 10 加仑的罐子，再将桶里剩下的 1.5 加仑酒倒进 2 加仑的量筒里；(4 步)

用 4 加仑的量筒装取大桶里的水装满小桶，最后量筒里剩下 0.5 加仑的水，将这些水喂给 1 号骆驼。再用 4 加仑的量筒将小桶里的水装满大桶，小桶里应该剩下 3.5 加仑的水；把 2 加仑量筒里的 1.5 加仑酒倒进 4 加仑的量筒里，然后用小量筒在小桶里量取 2 加仑的水倒回大桶，再将小桶里剩下的 1.5 加仑水倒进小量筒里喂养 2 号骆驼。再将 4 加仑量筒里的 1.5 加仑酒倒回 2 加仑的量筒里；(37 步)

重复以上操作 11 次，就有 6 头骆驼分别喝到了两个 0.5 加仑的水，另外的 6 头分别喝到两个 1.5 加仑的水。在重复第 10 次和第 11 次的时候，后面那个 2 加仑量筒里的水直接喂养任意两头喝过两个 0.5 加仑水的骆驼，那么就有 8 头骆驼喝饱了水。大桶里剩下 35 加仑水；(407 步)

用 4 加仑的量筒装取大桶里的水灌满小桶，量筒里剩下 0.5 加仑的水，用于喂养从未喝过水的 13 号骆驼；大桶里剩下的 3 加仑水倒入 4 加仑的量筒里；(18 步)

把所有酒倒入大桶中，再在 3 个 10 加仑的罐子里装满小桶里的水，小桶里还剩下 1.5 加仑的水，倒入 2 加仑的量筒。将 3 个罐子里的水倒回小桶，将 2 加仑量筒的 1.5 加仑水倒入 1 号罐子；(12 步)

将 4 加仑量筒里的 3 加仑水倒入 2 加仑的量筒里，剩下 1 加仑的水，将 2 加仑量筒里的水倒入小桶，剩下 0.5 加仑的水，再把这 0.5 加仑的水喂给过了 0.5 加仑水的 13 号骆驼。这样就有 5 头骆驼喝到了 1 加仑的水。再分别给这 5 头骆驼 2 加仑水，所有的骆驼都喝饱了水，且小桶里还剩下 21.5 加仑的水；(13 步)

在 2 个 10 加仑的罐子里倒入小桶中的水，还剩下 1.5 加仑，将其倒入 1 号罐子，就完成了 3 加仑水的任务。将 2 号和 3 号罐子里的水倒回小桶；(5 步)

4 加仑量筒里的 1 加仑水倒入 2 号罐子里，用两个量筒，共装得 6 加仑酒倒进 3 号罐子，再将 2 号罐子里的 1 加仑水倒进 4 加仑的量筒里，再用 3 号罐子里的酒装满 4 加仑的量筒，3 号罐子里就剩下 3 加仑的酒。把 4 加仑量筒里的混合液体倒进 2 号罐子，再用 2 加仑量筒量取 2 加仑水倒入 2 号罐子。(10 步)

108. 抬驴的父子俩 >>>

将驴的位置调整到距离儿子 1.28 米处。

109 拼枷锁

拿出一张正方形纸片,然后将其剪成两部分,要在不能有任何损耗的情况下确保两部分能拼成一个和图中囚犯所戴枷锁形状相同的图形,要求纸片上有一对铐手的正方形开口和一个固定头部的开口。

110 老园丁的果树

有一位生性古怪的老园丁,他喜欢按照一种秘密的规则来种植果树。除了他谁也不清楚几种果树苗在果园里的确切位置。因为他在进行一种嫁接试验,不想让来访的人或者雇佣的工人发现他的秘密。

最近他在果园了栽种了如图所示的60株小树苗,这些树苗是檬树砧木,可以用来嫁接任意品种的果树。

老园丁有自己的一套规则,他常常把同品种的10株果苗嫁接形成5条直线,并且每条直线上都有4株果苗。他能不能将自己的4种果苗——梨子、桃子、柿子和李子都按这一规则来栽种呢?

这道题需要你自己找一张较大的纸,画一个8×8的国际象棋棋盘,然后按照图中的样子用四格来表示老园丁的房子。你可以找一些小道具比如四种花色的扑克牌来表示四种不同的果树苗。要记住每种果苗有10株,共40株。你能用老园丁的规则将它们排列出来吗?

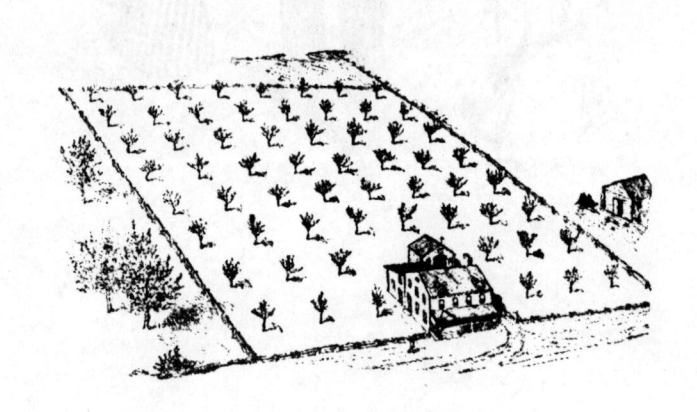

111 凯瑟琳小姐的年龄

布朗夫妇一共有 15 个孩子,而且每两个孩子都相差 1 岁半。其中凯瑟琳小姐是老大,她不愿意对别人说自己的年龄,只是说自己比最小的查理弟弟的年龄多 7 倍。你知道凯瑟琳小姐多少岁吗?

112 凯瑟琳的羊

凯瑟琳小姐要把她的羊分开来养,她想用 3 条直线把图中的 7 只羊分开,并且要每只小羊单独在一个小羊圈里,你能帮帮她吗?

答案在这里，快来找吧

109. 拼枷锁 >>>

如图所示，按照右图的方式切割，并按左图的方式错位拼接即可。

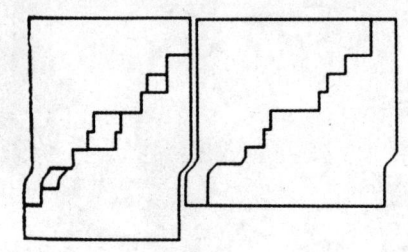

110. 老园丁的果树 >>>

答案如图：

111. 凯瑟琳小姐的年龄 >>>

凯瑟琳24岁。

需要注意的是，"比最小的查理弟弟的年龄多7倍"的意思为"是最小的弟弟的年龄的8倍"。

112. 凯瑟琳的羊 >>>

答案如图：

113 婆罗门塔

在世界中心贝拿勒斯有三根和蜜蜂身体差不多粗细的钻石针，这些针每根高45.7厘米。其中一根上面串了64个纯金盘子。这64个金盘子从小到大依次堆放在一个黄铜板子上面。这就是婆罗门塔。根据时间的推移，僧侣们按照婆罗门的规则每天都将盘子从一根针移向另一根针，每次只能移一个盘子，且每个盘子上只能堆放比它小的盘子。当这64个盘子悉数移动到另外一根针上时，所有的一切都要消失，世界末日就会到来。如果一个人每次只拿一个盘子，需要18446744073709551615次才能将婆罗门塔全部转移。就算僧侣们一个差错也不出，每一秒转移一个盘子，也需要亿万年才能将这一壮举完成。

我们当然没有那么多时间，所以把盘子减少到13个，现在允许你将搬下来的盘子分成两摞放，所有盘子都只能放在比它大的盘子上，需要多少步才能将一摞盘子搬到另外的位置？

114 连线赢格子

两个日本小姑娘在玩连线赢格子的游戏，她们在黑板上画了如图所示的16个点，然后其中一位用线段把 AB 连接起来，她的对手连接了 EA，假如第一个小姑娘接下来连接 EF，她的对手就可以连接 BF，这样一来，对手就赢了她一个格子，可以接着再连接一次。

图中的两个小姑娘都是高手，分别连了6次还没人得分，局面僵持不下。接下来应该由站着的小姑娘来连接，显然她不能连接 MN，因为如果她连接了MN，坐着的小姑娘就可以赢得4个格子，连得4分，最后连接 HL，获得全局的胜利。

如果她连接 DH，她的对手连接 HL，同样都能让她的对手赢得全部格子。如果你是这个小姑娘，你要怎么连呢？如果你能赢得比赛，你最多可以赢几个格子？

答案在这里，
快来找吧

113. 婆罗门塔 >>>

需要 8191 步。

114. 连线赢格子 >>>

站着的小姑娘连接 GH，如果她的对手接下来连接 JK，她再连接 KO 和 PL 赢得 2 个格子，然后连接 LH，此时她的对手可以连接 GK 赢得 2 个格子，然后就只得再画一条线段将剩下的 5 个格子送给她了。

如果站着的小姑娘连接了 GH 后，她的对手连接 DH，那么她就可以连接 CG、BF、EF 和 MN，然后等待一步，最后赢得 4 个格子。

115 火车相遇

有两列火车相遇在如图所示的轨道上,一列火车有一节车头带着四节车厢,另一列火车有一节车头带着三节车厢。现在只能借助侧线使两列火车通过,但是侧线的长度只能够装下一节车头或者一节车厢。

没有任何东西可以作为辅助,而且车厢显然不能接在车头的前面。如果车头倒退一次算作一次移动,请问,车头必须来回多少次,两列火车才能够顺利地通过这段轨道?

答案在这里，快来找吧

115.火车相遇 >>>

解决方案如下：

(1)右边的车头向右退； (2)右边的车头开到侧线上面；

(3)左边的车头带着3节车厢开到右边； (4)右边的车头退回到主线；

(5)右边的车头带着3节车厢开到侧线左边； (6)左边的车头退到侧线上；

(7)右边的车头和车厢退到右边； (8)右边的车头拉着7节车厢开到左边；

(9)左边的车头开回主线； (10)左边的车头退到整列火车处；

(11)左边的车头拉着5节车厢开到侧线右边；

(12)左边的车头退回，将最后的1节车厢退到侧线上；

(13)左边的车头拉着剩下的4节车厢开回右边；

(14)左边的车头带着4节车厢退回左边； (15)左边的车头单独开到右边；

(16)左边的车头向侧线后退，将那节车厢拉回主线；

(17)左边的车头退回左边； (18)左边的车头带着6节车厢向右；

(19)左边的车头倒退着将最后1节车厢退到侧线上面；

(20)左边的车头带着5节车厢开回右边；

(21)左边的车头推着5节车厢退回左边；

(22)左边的车头带着1节车厢开到右边；

(23)左边的车头向侧线后退将那节车厢(共2节)带回右边；

(24)左边的车头推着2节车厢推到侧线左边；

(25)左边的车头拉着7节车厢开到侧线右边；

(26)左边的车头将最后1节车厢退到侧线上；

(27)左边的车头带着6节车厢开到右边；(28)右边的车头退回右边，接上它的4节车厢离开；

(29)左边的车头向侧线后退，连接起最后那节车厢，带着自己的3节车厢继续行程。

116 小狗多比的年龄

老实的大卫准备向他的女朋友求婚,坐在客厅等她的时候,女朋友的弟弟牵着他的狗多比经过大卫,这位调皮的弟弟想戏弄一下他。

于是他对大卫说:"5年前,我姐姐的年纪是多比的5倍,但是现在只有多比的年纪的3倍了,是我姐姐长慢了还是我的多比长快了呢?"

你能帮老实的大卫算出多比的岁数吗?

117 乔伊斯夫妇搬家

乔伊斯夫妇最近搬进了一套六居室的舒适新居,他们家有五件大家具:写字台、沙发、桌子、冰箱和床。每个房间只能放一件这样的大家具。搬家的时候粗心的搬运工把床和冰箱放错了房间。乔伊斯夫妇现在需要把它们对换过来。

乔伊斯先生在桌上画了一张居室的平面图,并分别用了五种小物件表示需要搬动的大家具,其中硬毛刷子代表冰箱,威士忌酒瓶代表床。他想找出对调刷子和酒瓶的最简捷的方法,你能帮帮他吗?

答案在这里，
快来找吧

116. 小狗多比的年龄 >>>

多比 10 岁。

117. 乔伊斯夫妇搬家 >>>

搬动步骤如下：

(1) 威士忌酒瓶　　(2) 硬毛刷子

(3) 熨斗　　　　　(4) 威士忌酒瓶

(5) 胡椒瓶　　　　(6) 捕鼠器

(7) 威士忌酒瓶　　(8) 熨斗

(9) 硬毛刷子　　　(10) 胡椒瓶

(11) 熨斗　　　　　(12) 威士忌酒瓶

(13) 捕鼠器　　　　(14) 熨斗

(15) 胡椒瓶　　　　(16) 硬毛刷子

(17) 威士忌酒瓶

118 八进制计数法

我们的祖先用手指学习计算，于是十进制很快得到推广。假如我们的手指没有从猿猴的八根进化到现在的十根，那我们现在就需要用所谓的八进制计数法了。其实从数学的角度来讲，十进制并没有比别的进制更优秀。

我们以七进制为例，七进制的 66 表示 6 个 7 加上一个 6，如果再加上一个 1 就得到 100，相当于十进制里面的 49。在 6 加 1 得 7，就需要向左边进 1，这个位置上就为 0。相同的，七进制的 222 代表 1 个 2，2 个 7 和 2 个 49 的和，等于十进制里面的 114。

在我们只要八根指头的猿猴时代，八进制是通用的计数法，那么，它们应该怎么记录公元前 1906 年呢？

119 送信的路线

有位负责分发六个街区邮件的邮差，他所负责的街区分布如图，可以从任意一个位置出发，但是只能向右转弯。你能帮他找出一条送信的最短路线吗？

答案在这里，
快来找吧

119. 八进制计数法 >>>

1906 在八进制里应该为 3562。

个位代表 2 个 1,十位代表 6 个 8,百位代表 5 个 64,千位代表 3 个 512。

算法为:用 1906 除以 512 得商数 3,余 370 再除以 64 得商数 5,余 50 再除以 8,得商数 6,余 2 即为末尾数。

120. 送信的路线 >>>

最短的路线从 B 街与 1 路交叉口开始,沿着 1 路向上走到 C 街,再沿着 C 街走到 3 路,再走到 A 街,然后返回 2 路,走到 C 街,再走到 4 路,再走到 A 路,最后回到 1 路,向上到 B 街再穿过 4 路。

120 茶叶的比例

东方的混合茶是一门学问，通过混合不同的茶叶制造出不同口味的茶。为了说明这种茶叶混合学问的精确性和重要性，以及破解相关秘方的难度，我们把目光转向这样一道题目。

混合茶叶的人收到了两个大小不同的正方体箱子，一箱是绿茶，一箱是红茶，将两种茶混合在一起，填满22个大小不同的正方形盒子，那么，两种茶的混合比例是多少？

这是一道非常简单的加法题，答案也非常多。只需要考虑一下两种箱子的大小以及与之相等的22个盒子的大小。不过，如果题目改成是两个大小不等的箱子，装红茶的是大箱子，装绿茶的是小箱子，箱子中的茶叶混合后分装在22个体积相等的正方体盒子中。请问，红茶和绿茶的比例分别是多少？

121 失踪的修女

如图所示,这座修道院是一幢三层的方形建筑。2楼和3楼全部用作修女的卧室,这两层的每一面都有6扇窗户,一层8个房间。3楼的每个房间的窗户都比2楼多,住在3楼的人比2楼的人多1倍。严厉刻板的修道院院长严格地遵循着创办修道院的人留下的规矩,坚持要把修女们分开安排,保证每个房间都有人住。

3楼的人数是2楼的2倍,而且修道院每个侧面的6个房间里面住的总人数必须正好11个。

战争爆发了,法国的军队从这里经过以后,修道院丢失了9个年轻的修女。发现此事的修女为了避免院长伤心,她决定在寻找失踪修女的同时隐瞒这件事。于是她重新调配了房间,院长每晚巡视修道院的时候还是会看到每个房间都有人住,而且每一面的人数之和还是11个,3楼的人数也还是2楼的两倍。她怎么也不会发现失踪了9个修女的事情。请问你知道这位修女是怎么调配房间的吗?

122 能指北的手表

我现在教你一个用手表作指北针的方法：首先将手表取下平放在手掌上面，然后将时针对准太阳的方向，此时时针和12点钟方向之间有一个夹角，此夹角的角平分线所指的方向就是北方。

你能解释这是为什么吗？

123 小士兵队列

图中是参加步兵训练营的8个小士兵，他们男女相间排成一排。现在要重排他们的队列，按照标记，四个"士兵"集中到队伍的一端，另外四个"红十字护士"则集中到队伍的另外一端，仍排成一排。

如果将一对孩子一起移动到别的位置为一步，要求在四步之内完成排列。你能做到吗？

答案在这里，快来找吧

120. 茶叶的比例 >>>

混合茶问题还有一种解决的好方法。两种正方形箱子，一种容积为17.299，一种为25.409，容积之和和22个容积为9.954的小盒子容积之和相等。因此得出结果，绿茶和红茶的混合比例为17.299:25.469。

121. 失踪的修女 >>>

修女失踪前的房间安排为：

3楼　　　2楼

1 5 1　　1 2 1

5 5　　　2 2

1 5 1　　1 2 1

修女失踪后的房间安排为：

3楼　　　2楼

3 2 3　　1 1 1

1 1　　　1 2

4 1 3　　1 1 1

122. 能指北的手表 >>>

略。

123. 小士兵队列 >>>

将B和C往队伍的右边移动，站在H旁边。接着在空下来的地方填补上E和F，再将它们空出来的地方补上H和B，最后用A和E将空当填满。

124 小麦地里的麻雀

用一个国际象棋棋盘上的 64 个格子分别表示小麦地里的 64 颗小麦。现在有 8 只麻雀来偷吃麦穗，要使持枪巡逻的农夫不能一枪打死 2 只麻雀，我们应该怎么安排麻雀的位置呢？

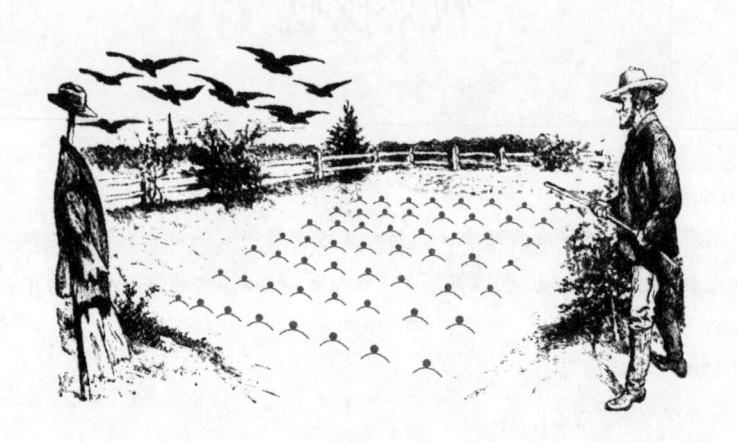

125 印度拼花

传说中印度僧侣只要将种子放在如图所示的帽子里，帽子就会开出一朵漂亮的花。

请你用图中的 7 张纸片拼接出一个十字架。

126 总统候选人

本题是为 1908 年的总统选举而设计的。如图所示，9 个棋子分别代表 9 个提名候选人，游戏的目的是拿掉 8 个人，剩下一个留在中央的格子上。游戏要求用最少的步数完成。游戏的规则是，每个棋子可以朝各个方向走到相邻格子里，也可以朝各个方向像跳棋那样跳过紧挨着的棋子进入一个空格，被跳过的棋子要拿走。

这里有一个十步解决的方法：(1)费尔邦斯跳过拉福莱特；(2)塔夫脱跳过休斯；(3)约翰逊跳过诺克斯；(4)塔夫脱跳过约翰逊；(5)坎农跳过塔夫脱；(6)凯农跳过格雷；(7)费尔邦斯跳过坎农；(8)布莱恩跳过费尔邦斯；(9)布莱恩往右下方走一步；(10)布莱恩走到中央格子。

你能找出更好的解决方案吗？

答案在这里,快来找吧

124. 小麦地里的麻雀 >>>

答案如图:

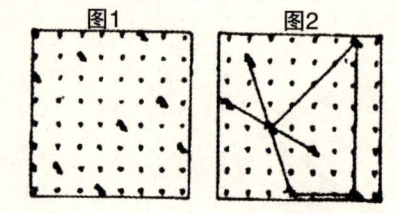

图1　　　图2

125. 印度拼花 >>>

答案如图:

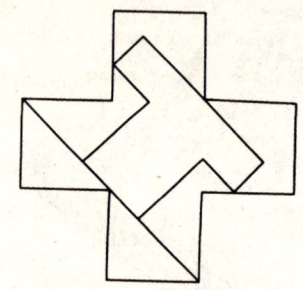

126. 总统候选人 >>>

用以下方法可以8步解决:塔夫脱跳过诺克斯、约翰逊、拉福莱特和坎农,然后格雷跳过费尔邦斯,休斯跳过布莱恩,格雷跳过休斯,塔夫脱跳过格雷。

游戏 真好玩

一起来玩几何图形转换、拓扑奇趣游戏吧!

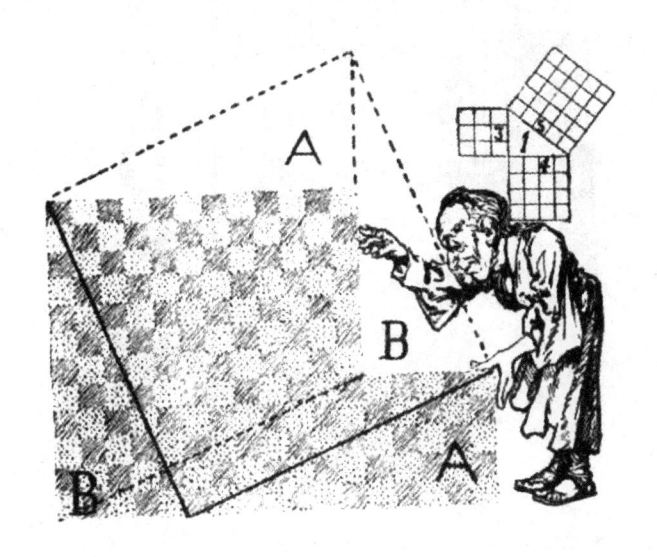

127 士兵的路线

如图所示，图中的 A、B、C、D、E 分别代表 5 个看守人，枪响以后看守人 A 需要从 A 口走出，看守人 B 需要跑到 B 出口处，C 需要到 C 出口处，D 需要走到 D 出口处，E 需要去 F 房间。

这道题目的要求是，画出这 5 名看守行进的线路，而且这些线路不能相交，也就是说任何一小间都只能穿过一条路线。

另外还有一道稍微简单一点的题目，到午夜的时候，看守人要进入 W 房间，然后开始去查夜，他必须穿过所有的房间，最后到达黑屋。你能画出这条不能经过任何一个房间两次，而且拐弯次数最少的路线吗？

128 一笔画

请用最短的线条一笔画出图中的图形，可以从任何一端开始。

129 数字迷宫

图中是一个数字迷宫，要求从图形正中间的心形出发，朝任何方向沿直线前进 3 步，然后根据到达的格子里的数字再朝任何方向走相应的步数，直到走出迷宫。你能走出去吗？

130 地牢的格局

有一位暴虐的国王要对自己的地牢进行改造,想让住在牢房一个角落里的狱卒以最短的路程巡视完整个地牢。

接到任务的建筑师拿起一把剪刀,把设计图一刀剪成了两半,然后拼接起来。这样一来,地牢的面积还是和以前一样,每间牢房的门都变到了墙壁的中央,巡视的狱卒完全可以一次完成自己的任务,不用重复任何一条线路。

你知道他是怎么做的吗?

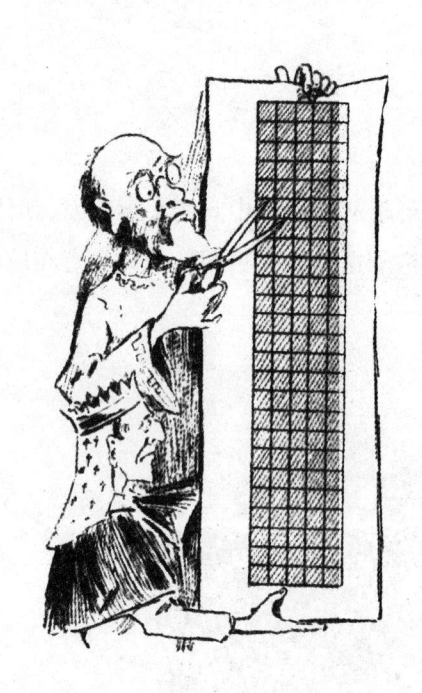

答案在这里，快来找吧

127. 士兵的路线 >>>

答案如图所示：

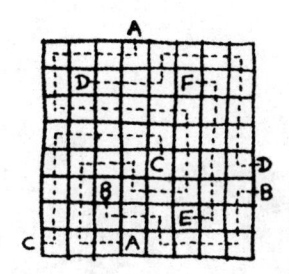

128. 一笔画 >>>

答案如图：

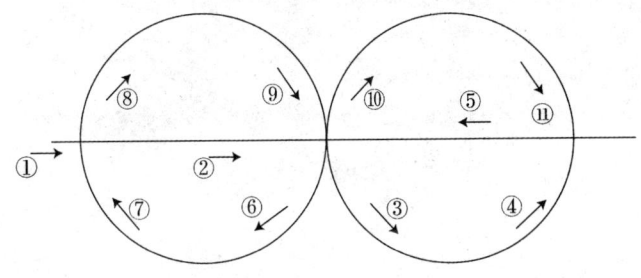

129. 数字迷宫 >>>

沿着一条对角线来回走是最短的路线。

具体方法为：朝西南方向走到4，再向西南方向走到6；转向东北方向走到6，再朝东北方向走到2，再走到5；转向西南方向走到4，再走到4，再走到4；转向西北方向就可以走出迷宫。

130. 地牢的格局 >>>

聪明的建筑师从他的手所在的第一行第三格向国王所指的末行第二格剪一条直线，然后把右边的一块向上错位移动一格的位置，就得出了124个牢房。这样狱卒就可以从左边角落出发巡视完所有的牢房再回到起点。

131 行军的战术

节日阅兵部队曾经被温菲尔德·斯科特将军批评了一顿。他认为他们在行军的过程中存在很大的问题，能够将一个师的人带进公园，却不一定能将他们带出来。

我因此想到了一个智力题目，方便起见，我们让这个公园变成和国际象棋棋盘差不多的方格，你也可以自己动手画一个 8×8 的 64 格方块图，然后以如图所示的两个门作为游戏的起点和终点。你需要走过每一个方格并通过中间的拱门，并且每个方格只能通过一次，请问你能找到一种拐弯最少的方式吗？

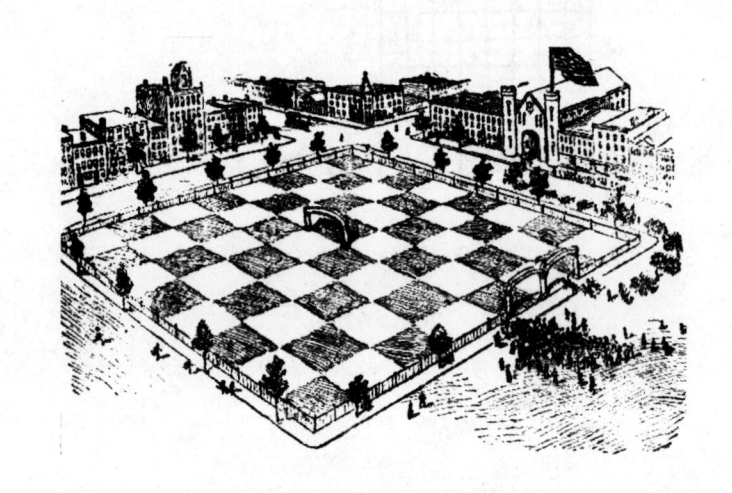

132 帽子谜题

　　A先生前些天和三个朋友打牌，一个是商人，一个是保险业务员，一个是推销员。打到最后，商人赢了保险业务员5块钱，A先生也输给推销员5块钱，而且保险业务员同时也欠了推销员5块钱。因为当时谁都没有钱，于是用薯条作筹码，约定下次见面的时候付清欠款。

　　A先生又在职业拳击赛上和人打赌赢了一顶帽子，输家给了他一张5块钱的购物券，这张购物券可以在镇上的任何一家店兑现。A先生自己的帽子已经够用了，于是他决定用这张购物券去还自己的赌债。

　　他找到自己的商人朋友说："这是一张值5块钱的购物券，就算结上次的账了。"

　　商人朋友一脸不解地回答道："你不欠我钱啊？"

　　"我欠约翰的，就用这个抵了。"

　　"约翰也不欠我钱啊，我赢的钱全是查理的。"

　　A先生越向商人朋友解释，商人朋友越是一团乱麻，死活不肯接受这张购物券，于是A先生又去找保险业务员查理。

　　查理回应道："你在玩什么花招，按你这么算的话，我不是欠了你和约翰一人5块钱啦。"

　　A先生非常无奈，又耐心地解释了一遍，结果查理还是一头雾水。失望的A先生只好去找到了约翰，结果约翰也一样不能理解。

　　真是见鬼了，A先生想，经过几天的研究，他终于找到了一种办法说服他的朋友们。

　　不用在纸上写写画画，你能算出故事里一共有几个人，他们分别是什么职业吗？

133 爱丽丝的提问

爱丽丝在奇境国里遇到一只柴郡猫，这只猫能够把自己隐藏在风里面，只露出一张温和的笑脸。爱丽丝想确定自己是否看到了一只猫，于是她写下了如图所示的问题。在奇境国里，他们习惯从任何他们喜欢的方向开始念。所以，你知道有多少种方法可以读出爱丽丝的提问——"Was it a cat I saw？"

134 皮特的狗舍

皮特两兄弟正在给他们的爱狗做一个狗舍，现在还剩下一面墙没有完成。皮特要用他手里的正方形桌面来做这面墙，请问他需要锯成几块，应该怎么拼接？

答案在这里，快来找吧

131. 行军的战术 >>>

军队行进的路线如图所示：

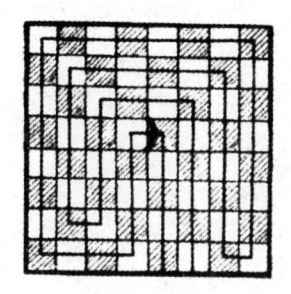

132. 帽子谜题 >>>

略。

133. 爱丽丝的提问 >>>

有 63504 种方式拼读这句话。

134. 皮特的狗舍 >>>

答案如图：

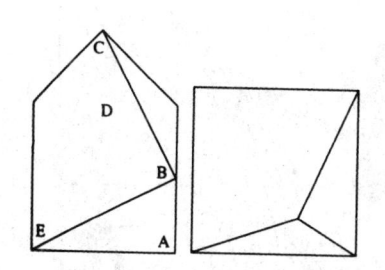

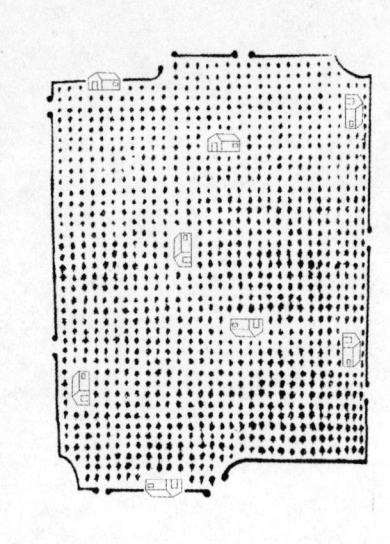

135 不见面的邻居

有8户人家住在同一个公园里,他们都通过与自己家正对面的公园大门进出,而且每户人家都有一条属于自己家的私人小路通往各自的家,任何两家人的路线都没有相交的地方。他们宁愿拐很多弯也不和邻居碰面。你能画出他们各自的路线吗?

136 查理射苹果

爱好射击的查理正在瞄准小丑身上的苹果,请你帮他算算,他要射中哪几只苹果,得分才正好是100分呢?每只苹果都可以重复射中。

137 智闯水雷阵

如图所示的水雷阵是日本军队布在阿瑟港的，现在需要你驾驶一艘军舰从左下角到达左上角，要求只能拐一次弯，你要怎么才能不碰到一颗水雷成功地到达终点呢？

138 夏季旅行

如图所示为宾夕法尼亚州的 23 个主要城市，现在要从费城开始这次夏季旅游，要求必须经过沿途的每一座城市，最终到达伊利。需要记住的是，途中的每一条路线都不能重复来往。你知道怎么走吗？

答案在这里，快来找吧

135. 不见面的邻居 >>>

略。

136. 查理射苹果 >>>

查理需要射中2次11分的苹果，6次13分的苹果，这样就得到了100分。

137. 智闯水雷阵 >>>

答案如图：

138. 夏季旅行 >>>

自行车的路线如下：费城，15, 22, 18, 14, 3, 8, 4, 10, 19, 16, 11, 5, 9, 2, 7, 13, 17, 21, 20, 6, 12，伊利

139 老板娘的姜饼

有一位老板娘，她的姜饼总是做成不规则的形状分成小块的正方形去卖，每小块一分钱。

如图所示的这块姜饼是新出炉的，老板娘告诉孩子们只要他们能把这块姜饼切成两块，然后拼成一个 8×8 的正方形，她就把这块姜饼送给他们。

记住，只能沿着姜饼本来的线切割，你能赢得这块姜饼吗？

140 拼接头像

如图所示，这是一个 5×5 的正方形头像拼接图，请你将它分割开来组成两个小的正方形。当然了，每个头像的完整性都不能被破坏。你要怎么做呢？

141 裁剪地毯

有两兄弟为了父亲遗产里的一块地毯吵了起来,他们请来国王主持公道。国王让裁缝将这块地毯裁剪成大小形状都相同的两块,同时还保留了每个小方块的完整性。

你知道这位聪明的裁缝是怎么做的吗?

答案在这里，快来找吧

139. 老板娘的姜饼 >>>

分割姜饼的方法如图所示：

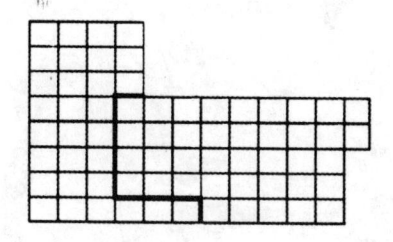

140. 拼接头像 >>>

答案如图：

141. 裁剪地毯 >>>

答案如图：

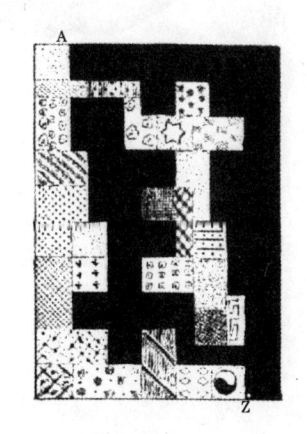

142 心灵手巧的护士

在那个物资紧缺的战争年代,红十字协会的护士们要给自己做臂章,为了节省珍贵的红色法兰绒,护士们需要把一块正方形的布料剪裁成 5 片,然后拼成两个大小相同的希腊十字架,要求一点儿布料也不能浪费。她们应该怎么剪呢?

143 分姜饼

吉米兄弟俩有一块狗头姜饼,现在要把这块姜饼分成两块大小形状都一样的小姜饼,你知道怎么分吗?

144 小变大

格林夫人买了一块正方形的地毯，忠厚的店家将一小块三角形的零料送给了她。现在格林夫人想通过裁剪做一块较大的地毯。要达成这个心愿，她需要把正方形的地毯剪成3块，再把三角形的零料剪成2块。

你知道怎么裁剪拼接吗？

145 被子的裁剪

一位精明的夫人想把一条大的正方形被子裁剪成两条小的正方形被子。因为被子的图案是方格子，夫人又不想破坏它们的完整性，所以她只能沿着格子做垂直和水平的裁剪。

怎么样才能把大被子剪成最少的块数用以拼凑出两床小被子呢？

答案在这里，快来找吧

142. 心灵手巧的护士 >>>

答案如图所示：

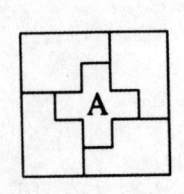

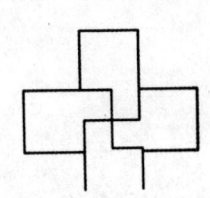

143. 分姜饼 >>>

答案如图：

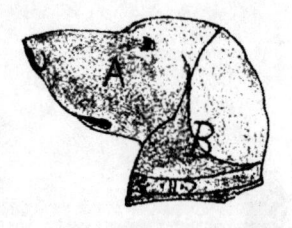

144. 小变大 >>>

答案如图：

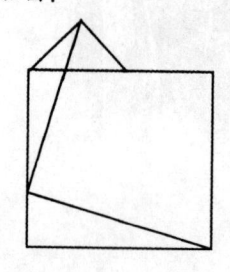

145. 被子的裁剪 >>>

答案如图：

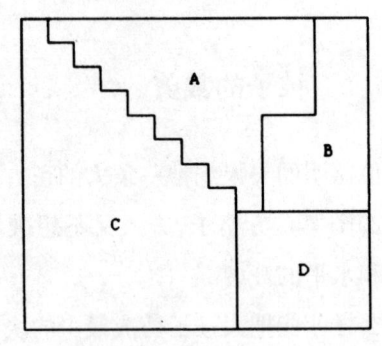

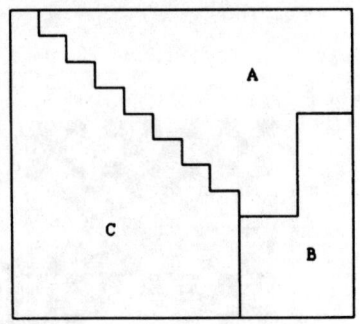

146 正方形窗户

木匠有一块如图所示的上好木料,这块木料的面积是木料上方小方块面积的 81 倍。换句话说,如果我们认为小方块的边长为 1 厘米,那么另外两个方块的边长就分别是 16 厘米和 64 厘米。现在他要用这块木料做一扇边长为 9 厘米的正方形窗户,请问他怎么锯这块木料,才能拼成正方形而不浪费一点木料呢?

147 句子的读法

热衷于字谜的人喜欢构造一些从左往右读或者从右往左读都是一样的单词和句子。这就是所谓的"回文"。比如在亚当欢迎夏娃的时候，他对她说："Madame, I'm Adam."还有"Name noon man"等。

如图所示，这是一个提倡戒酒的社团的回文智力题。题目的要求是找出句子"Red Rum & Murder"，你可以从任何地方开始，朝任何方向读，你能找到多少种方法呢？

148 出租的土地

有一位宾夕法尼亚州的农场主拥有种不完的土地，于是他决定把自己一块土地的一半出租给他的邻居耕作。这块地长2000码，宽1000码。在这块地的中间有一部分不适合耕种，于是他就围绕这块地周围划出一条环带状的土地出租给邻居，这块带状土地的面积刚好是总面积的一半。

你能算出这块带状的土地有多宽吗？

149 感恩的士兵

有一位伤兵非常感谢为他包扎的护士小姐,于是他请求在他离开的时候,护士小姐能够把红十字臂章留给他作纪念。这位好心的护士小姐用剪刀将自己的红十字套袖剪成了几片,并拼凑出两个大小相等的红十字,自己留下了一个,另一个送给了这位感恩的士兵。请问你知道她是怎么做的吗?

答案在这里，快来找吧

146. 正方形窗户 >>>

答案如图：

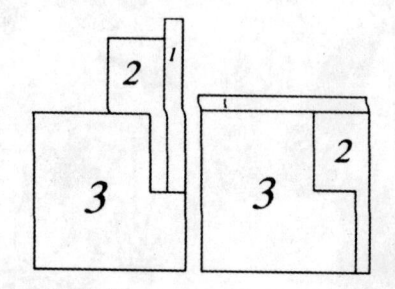

147. 句子的读法 >>>

有138384种读法。

148. 出租的土地 >>>

这块带状土地大约宽191码。

求解方法：将矩形的长宽相加再减去对角线的长度，然后将结果除以4。

149. 感恩的士兵 >

答案如图：

150 速递员的问题

有一位姑娘给她的矿工朋友速递了两个箱子，却引起了速递员和她的矿工朋友的争论：

速递员按照惯例应该以货单上的说明按每立方英尺5美元来计算，矿工却认为应该以每英尺5美元来付款。

争论到最后，速递员被迫接受了矿工的条件，于是量了箱子的长度。这是两个正方形的箱子，其中之一的边长刚好是另一个的两倍。

结果发现，按把两个箱子放在一起量出来的长度收费和按体积计算收费的差别居然小到可以忽略不计。

你知道这两个箱子分别有多大吗？

151 咬尾巴的蛇

一位老教授把一条玩具蛇剪成了如图所示的10节，如果要你变动这10节玩具蛇的位置，让它咬住自己的尾巴，你能做到吗？

152 过桥的捷径

普鲁士的第二个首都柯尼斯堡城内被普雷盖尔河流分成了四个部分,如图所示。城市的每个部分之间由八座桥连接。有一个问题曾经困扰了善良的柯尼斯堡人。他们找不出一条能够走遍所有的桥而且每座桥只经过一次的路线来逛完整个柯尼斯堡。

在很长一段时间内人们认为这是不可能的事,但是事实说明,有很多办法可以做到,你知道有多少种吗?其中最便捷的一条应该怎么走?

153 星条旗的变化

美国的星条旗在一开始只有十三条条纹。后来因为福蒙特州和肯塔基州的加入,联邦在国旗上增加了两条条纹和两颗星星。你能以最少的切割步数将星条旗从十五条条纹还原成十三条吗?要记住布料一点儿也不能浪费。

答案在这里，快来找吧

150. 速递员的问题 >>>

大箱子的边长为 13.856 英寸，小箱子的边长为 6.928 英寸。

两个箱子的边长之和为 20.784 英寸，约合 1.732 英尺(1 英尺=12 英寸)，按每英尺 5 美元计算，应收款 8.66 美元。

两个箱子的容积之和为 2992 立方英寸，约合 1.732 立方英尺，所收的钱是一样多的。

151. 咬尾巴的蛇 >>>

答案如图：

152. 过桥的捷径 >>>

有 416 种走法。最便捷的一种为：OP、DC、EF、HG、IJ、LK、NM、AB。

153. 星条旗的变化 >>>

答案如图：

154 数字相加

用4个完全相同的数字，排列之后加起来等于100。试试看，你能否做到。

155 丰收的葡萄园

父亲带着女儿珍妮到贫瘠的小岛上垦荒，为了鼓励珍妮，父亲分配给她一块1/16英亩的土地。她开垦以后收获的果实全部归自己所有。

珍妮效仿着岛上其他的葡萄园主，以9英尺的植株距离栽种自己的葡萄，但聪明的珍妮通过精心设计自己葡萄园的格局，竟然出人意料地获得了大丰收，她的葡萄园的产量超过了岛上所有人的。

请问珍妮在她的葡萄园里种植了多少株葡萄？

156 圆圈连线

图中的凯瑟琳正在给查理演示一道新的智力题目，她在墙上画了 6 个小圆圈，并对查理说道："你看，我现在这样摆放这些小圆圈，只能得到两条穿过三个圆的直线。如果我改变其中一个小圆圈的位置，就能得到四条穿过 3 个小圆圈的直线。"

你知道她是怎么摆放的吗？

157 土地划分

有一位早期的开拓者给他的儿子们留下了一块面积很大的土地。土地上有四棵橡树，从土地的中心往土地的一边长成一排，每两棵树之间的距离都是相等的。

他有 4 个儿子，现在儿子们要来划分这块土地，为了公平起见，每块土地上都要有一棵橡树，而且土地的形状和大小都要一致。你能帮他们主持公道吗？

答案在这里，快来找吧

154. 数字相加 >>>

99+9/9=100

155. 丰收的葡萄园 >>>

以常规的方法，珍妮的葡萄园只能栽种36株葡萄，按图一的方式可以栽种41株，图二的方式可以栽种39株。

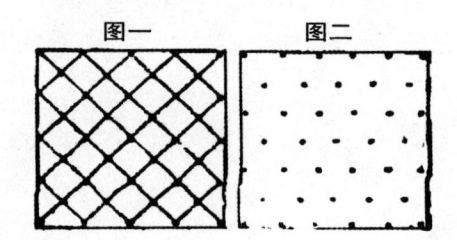

图一　　　　图二

156. 圆圈连线 >>>

把放在旁边的那个圆圈放到上面两个圆圈所在的直线与下面两个圆圈所在的直线的交点上。

157. 土地划分 >>>

答案如图：

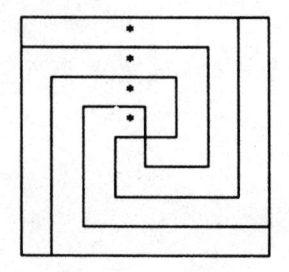

158 华盛顿的头像

（1）你能在下图中找出乔治·华盛顿的头像吗？

（2）将如图所示的大正方形用最简单的办法分成6个小正方形，大小不一定要一样。应该怎么分？

159 贯穿的运河

如图所示，这是距离我们最近的火星上最新被天文学家们发现的各个城市以及它们的水道的简图。如果从南极的T城市出发，要求经过每一个城市且每个城市只能经过一次，然后回到出发点，将依次经过的城市的字母连接起来构成一个完整的句子。

曾经有五万多名读者认为发表在杂志上的这个题目不可能完成，他们说："There is no possible way."但其实这是道非常容易的题目，你知道怎么走吗？

160 谁会赢

四个壮小伙正好同五个胖姑娘的力量平衡。两个胖姑娘与一个壮小伙加上两个瘦姑娘势均力敌。

当两个瘦姑娘和三个胖姑娘对一个胖姑娘和四个壮小伙拔河比赛时,哪一边会赢?

答案在这里，快来找吧

158. 华盛顿的头像 >>>

(1) 沿着树干从左到右看，总统的头像栩栩如生。

(2) 将一个大正方形转换成六个小正方形的最简便的方法就是将它分成9个相等的小正方形，其中4个组成一个大正方形。

159. 贯穿的运河 >>>

正确的行进方式所构成的句子正是："There is no possible way."

160. 谁会赢 >>>

第一张图说明四个壮小伙子的拉力正好等于五个胖姑娘的拉力。第二张图说明两个瘦姑娘的拉力与一个壮小伙子加上两个胖姑娘相抵，因此我们就可以把第三张图中的两个瘦姑娘换成与她们在拉力上等同的人来简化问题，即换成一个壮小伙子和两个胖姑娘。

通过这个变换，第三张图中应该是五个胖姑娘和一个壮小伙子对一个胖姑娘和四个壮小伙子。然后从一边去掉五个胖姑娘，另一边去掉四个壮小伙子，这样右边就只剩下一个胖姑娘来对左边的壮小伙子。由此得出：左边的队将获得胜利，因为他们比对方多出一个小伙子的力量的 1/5。

161 三角形拼图

马戏团的小丑表演完一个三角形的游戏后,把五个三角形中的一个剪成了两半,然后用它们拼成了一个正方形。你能做到吗?

162 电工的问题

一位电工来演讲厅安装电线。用以连接大厅的话筒和前门门口的开关。

现在已知大厅的宽度为 12 英尺,高度也为 12 英尺,长度为 30 英尺。要求电工布线必须紧贴墙壁、天花板和地面。话筒位于后墙的中间点,距离天花板 3 英尺;开关在前墙的正中央,和地面的距离为 3 英尺。

如果墙壁的厚度忽略不计,电线也是单线安装,请你算算电工需要准备多长的电线。

163 智娶公主

国王是一个智力题的狂热爱好者,于是在给公主挑选丈夫的时候,他出了两道趣题:

用最少的步骤剪开如图所示的瑞典国旗,然后拼接成一个正方形;

把一个 8×8 的棋盘切成小块,每个小块都不能完全相同,请问最多能切成几块?怎么切?

你能娶到公主吗?

答案在这里，快来找吧

161. 三角形拼图 >>>

答案如图：

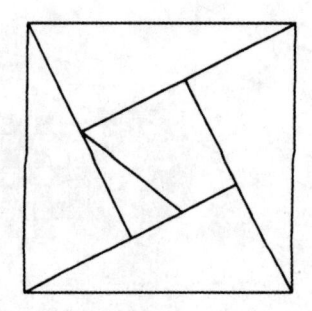

162. 电工的问题 >>>

沿着前墙、地板、侧壁安装电线的线路最短。总长为41.78英尺。

163. 智娶公主 >>>

(1) 答案如图：

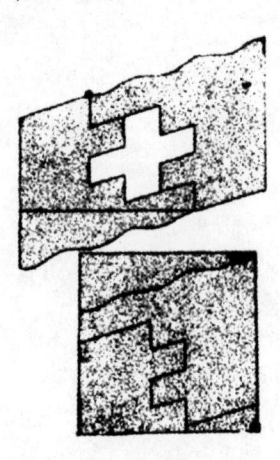

(2) 棋盘能被分成18个部分，方法如下图：

164 珍妮的羊圈

珍妮小姐的追求者送了她三只毛质优良的羊羔，她要修建三个大小相等、都由 4 根栏杆围成的羊圈来关住她的三只小羊羔。但是她只有 8 根栏杆，4 长 4 短，短栏杆的长度是长栏杆的一半。她要怎么修呢？

165 弄巧成拙的农夫

刚刚从大学毕业的拉多想用自己家的南瓜田和邻居交换，他把自己家的田画在门的左边，把邻居家的田画在右边。从图中可以看出，拉多家的南瓜田用了 600 根围栏，长和宽各用了 190 根和 110 根，而邻居家的南瓜田长的一边用了 150 根，宽的一边用了 140 根，总共才 580 根。

邻居认为自己占了便宜，于是兴高采烈地和拉多换了田。可是懂几何的拉多知道自己并没有吃亏。因为长方形的形状越接近于正方形，它的面积和周长的比值就越大。

已知 1 英亩 =43560 平方英尺，每英亩的土地可以生长 840 只南瓜，那么请问，拉多的邻居在每英亩土地上会损失多少只南瓜？

166 大卫的难题

大卫一进巡警队就遇到了一个难题。他需要负责整个社区的巡逻工作，图中指挥棒的位置就是他每天巡逻的起点。上级对他巡逻的要求是，每次转弯之前所经过的所有房屋的数目必须是奇数，且每条路线只能经过一次。

如图所示，虚线表示大卫每次巡逻的路线，用白色标出来的28座房子是他能够经过的。你能不能帮大卫找出一条新的路线，既能够满足上级的要求，又能够让他经过尽可能多的房屋？

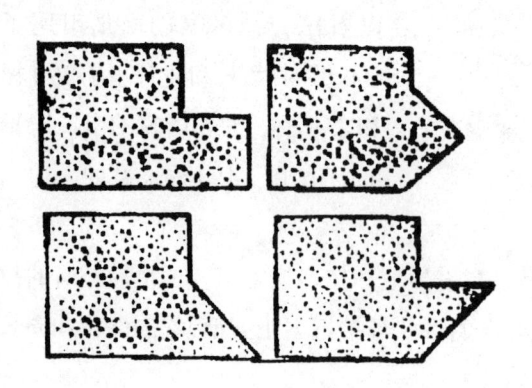

167 节俭的裁缝

有一位节俭的裁缝经常把自己剩下的边角料重新拼凑起来用。现在有四块如图所示的边角料，他要把它们拼凑成一个正方形，应该怎么拼？

答案在这里，快来找吧

164. 珍妮的羊圈 >>>

答案如图：

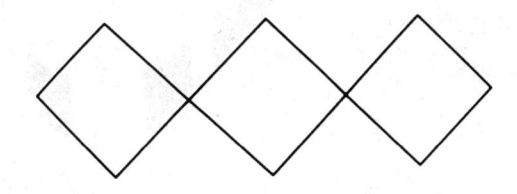

165. 弄巧成拙的农夫 >>>

损失了4只。

这道题没有给出每根栏杆的长度，所以求不出南瓜田的面积。但是以栏杆的长度为单位可以算出它们的面积之比为209:210，因此，拉多的邻居损失了他原有土地面积的1/20，因为每英亩土地上生长的南瓜数为840只，那么他损失的南瓜即为840×1/20=4只。

166. 大卫的难题 >>>

如图所示：

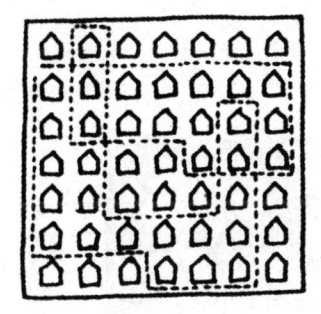

167. 节俭的裁缝 >>>

答案如图：

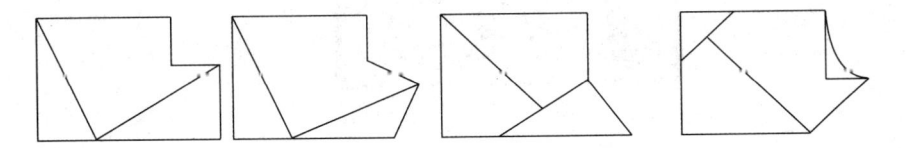

168 邻居修路

有三户人家住在同一个院子里面。住在角落里的人家准备修一条道路直通大门，左边的那户人家想修一条到达右边小门的路，右边的那家人要修一条通往左边小门的路。他们要怎么修才能让这三条路没有交点呢？

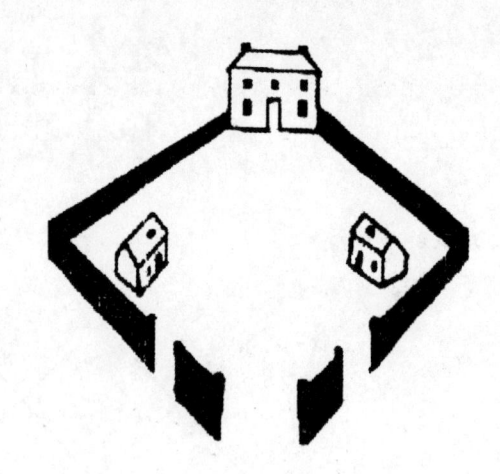

169 星星在哪里

有一颗五角星藏在这幅图中，你知道它在哪里吗？

170 拼图游戏

请用如图所示被划分好的 5 块图形分别拼凑出一个正方形、十字架、平行四边形、长方形、三角形。

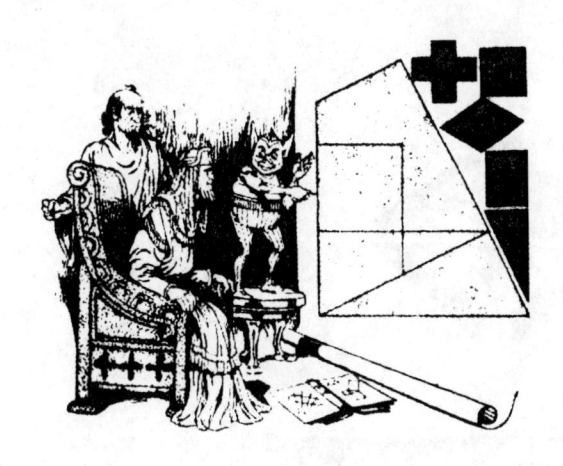

171 鹅和蛋

你一定听说过这样一个经典命题:先有鹅还是先有蛋?

现在图中的这只鹅能被剪开组成一个蛋。你知道怎么做吗?

答案在这里，快来找吧

168. 邻居修路 >>>

答案如图：

169. 星星在哪里 >>>

答案如图：

170. 拼图游戏 >>>

答案如图：

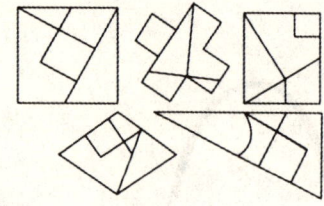

171. 鹅和蛋 >>>

答案如图：

172 新发现的星星

有一位法国的天文学家最新发现了一颗新的一等星,他向他的同行们描述自己的新发现的时候,先在图中画出了15颗大小不一的星星。现在他要画出新发现那颗星星。这颗新的一等星是这些星星里面最大的一颗。你能不能画出这颗五角星呢?不能碰到旁边的任何一颗星星,而且要比任何一颗都大。

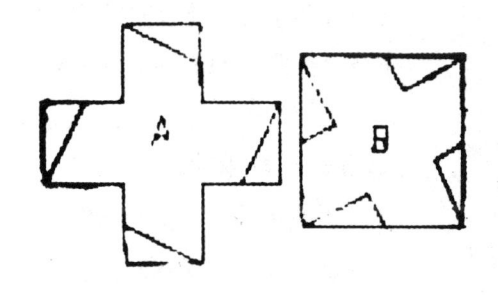

173 希腊十字架

说到用希腊十字架拼接正方形,通常都会采用如图 A 所示的方法,分成 5 部分,然后再做如图 B 所示的拼接。但其实这并不是最简单的方法。你能做出以下三个题吗?

(1)将希腊十字架裁剪成 4 部分,拼接出一个正方形;

(2)将希腊十字架裁剪成 5 部分,拼接出一个正方形;

(3)将希腊十字架裁剪成 4 部分,拼接出两个小的十字架。

174 猴子收钱

有一幢居民楼里的住户通过窗户看完卖艺人和他的猴子的表演以后,要求猴子爬窗上来收钱。你能不能帮这只猴子画出一条路线,让它经过最短的路程回到卖艺人的肩膀上?

175 两个人的石磨

有两个忠厚老实的人共同在路上捡到一只石磨,于是他们决定共同拥有它。但是两家人住的地方相隔很远,所以他们约定由年长的那一位先使用,等到石磨磨损到面积减少一半的时候,另一个人再来取回去使用。

现在这个石磨的直径是22厘米,石磨中间有1厘米的穿轴圆孔,当第二个人来取石磨的时候,石磨的直径变成了多少?

答案在这里，快来找吧

172. 新发现的星星 >>>

答案如图：

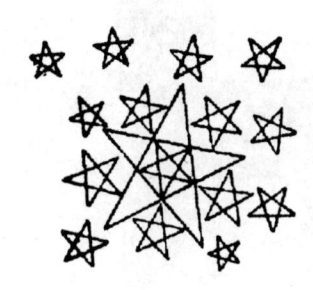

173. 希腊十字架 >>>

答案如图：

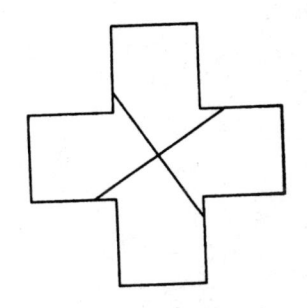

174. 猴子收钱 >>>

猴子的路线如下：

10, 11, 12, 8, 4, 3, 7, 6, 2, 5, 9。

175. 两个人的石磨 >

$15\frac{5}{17}$ 厘米。

176 复活节的十字架

请将如图所示的十字架裁剪成 3 个部分,然后拼接出一个长方形,要求这个长方形的长是宽的两倍。

或者将一个长方形剪开,拼接成一个如图所示的十字架。

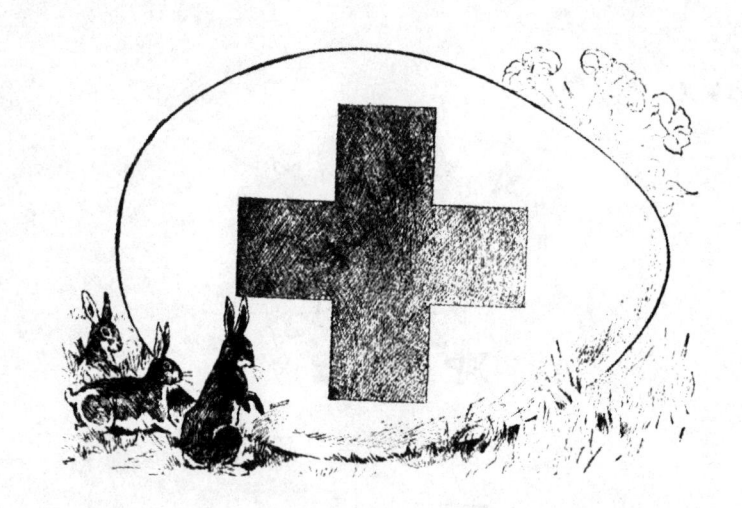

177 实际房价

帕特希望购置一处房产，但是他的现金不够，于是他采用分期付款的方式支付。

他首付了 1000 美元，然后在每年年底再支付 1000 美元，共支付 5 年。这其中包含了房产的费用与利息在内。依照约定的条款，利息为 5%。请问，实际房价为多少？

答案在这里，快来找吧

176. 复活节的十字架 >>>

答案如图：

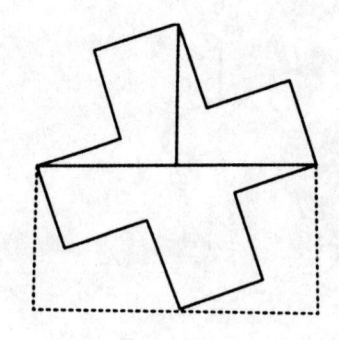

177. 实际房价 >>>

5329.4768 美元。第一年的利息是贷款总额的 5%，第二年的利息是扣除第一年归还的本金之后的贷款余额的 5%，依此递减。

精彩的压轴游戏

代数、比例、概率游戏，快来玩吧！

178 选举者的得票数

这是一个简单而有趣的问题。在一次选举活动中，共有四个候选人，有效选票为5219票。最后的票选结果是，当选者分别以超出22、30和73票的成绩击败了其他3位选手。但是，遗憾的是没有人能算出他们各自获得的具体票数。聪明的你能算出每个人具体的得票数吗？

179 更换牲口

农夫约翰和他的妻子去赶集，他们想用家禽换些牲口回来。按照古老的交换习俗，85只小鸡可以交换1匹马和1头奶牛，而5匹马的价格与12头奶牛的价格相等。

妻子对约翰说："约翰，我们把选中的马加一倍带回来，这样这个冬天我们就有17头牲口了。"约翰说："可是我觉得奶牛更能赚钱，并且假如我们把选中的奶牛再加一倍，我们就有19头牲口了。我们的小鸡也刚好够交换这些牲口。"

这两位精打细算的乡下人并不了解现代数学知识，但是他们清楚自己有多少只小鸡，也清楚换得的奶牛和马匹的数目。

不知道我们的趣题爱好者是不是也能算出来呢？

180 欧文看马戏

小欧文是个非常会精打细算的孩子,在他买票进马戏团看戏之前,他要向看门人打听清楚马戏团到底有多少匹马和其它动物,还有多少技师。

看门人被他问得不胜其烦,于是决定出个题目来考考他,就告诉小欧文说:"马和骑师还有小丑一共有 100 只脚,36 个头,除此之外,还有一些来自非洲丛林的动物,总的算起来有 156 只脚,56 个头。"

你能帮小欧文算算马戏团到底有多少匹马和多少个骑师吗?

另外,你能猜到图中左边的笼子里面,吸引人们驻足观望的是什么吗?

答案在这里，快来找吧

178. 选举者的得票数 >>>

选票数分别为 1336、1314、1306 和 1263。

这道题题相对很简单，只需列一个一元一次方程就可轻易解出来。我们可以设得票最多的人所获的票数为 x，则其他三个人的票数分别为 x-22, x-30, x-73，这四个人的票数相加起来的总数就等于 5219，解方程得知得票最多的人所获票数为 1336。

179. 更换牲口 >>>

"按照习惯 85 只小鸡可以交换 1 匹马和一头奶牛，5 匹马的价格等于 12 头奶牛的价格"，从这句话中我们可以轻易算出一头奶牛的价值同 25 只小鸡相等，而一匹马相当于 60 只小鸡。

他们已经选中了 5 匹马和 7 头奶牛，价值是 475 只小鸡。按照约翰的说法，将奶牛的头数加倍，他们的小鸡正好够用，我们可以算出他们有 7×25+475=650 只小鸡。

180. 欧文看马戏 >>>

假设马只有两只脚，那么 36 个头应该对应 72 只脚，那么多出来的 28 只脚就是属于马的，所以马戏团有 14 匹马。那么骑师就应该有 22 个。又已知马戏团一共有 156 只脚和 56 个头，可以知道马戏团还有 56 只脚和 20 个头，在图中可以看到 10 只野兽和 7 只鸟，它们的脚一共是 54 只，头是 17 个，那么还有 3 个头和 2 只脚没有被看到，就应该是引得人们驻足观望的左边的笼子里的东西。2 只脚 1 个头应该是属于人的，另外 2 个头没有脚的就应该是 2 条蛇了。

181 混乱的输赢

为了打发旅途的无聊,我和同舱的人打起了牌。我在第一局输给了男爵和伯爵,他们的钱都翻了一番;第二局伯爵输给了我和男爵,于是我们的钱又翻了一番;第三局男爵输给了我和伯爵,我们俩的钱再翻了一番。三局下来,我们各自都赢两局输一局,最后大家手里的钱都是一样多,但是我总共输掉了100美元。你能算出一开始的时候我有多少钱吗?

182 三个笨小孩

这里有三个笨小孩,他们的身上都如图所示地标着数字,老师问他们:"1、3、6要怎么排,才能被7整除?"这个问题他们一天都没有答出来。你能帮他们解答一下吗?

183 跷跷板平衡趣题

如图所示,跷跷板的左边坐着 5 个男孩和 3 个女孩,而右边坐着 3 个男孩和 6 个女孩。现在我们把跷跷板的两端各自去掉 3 个男孩和 3 个女孩,这样左边正好剩下 2 个男孩,而右边剩下 3 个女孩。令人惊讶的现象出现了,此时跷跷板依然平衡,也就是说那 2 个小男孩的重量正好等于那 3 个小女孩的重量。

很显然,刚才的题目中运用了消除法的原理,它清楚地阐明了一个基本的代数原理:等式的两边同时加上或者减去同一个数字,等式依然成立。

现在,我要出问题了:假设跷跷板的一边坐着 8 个小男孩,那另一边要坐多少个小女孩才能让跷跷板保持平衡呢?

184 数字游戏

请你用 0、4、5、6、7、8、9 这几个数字和 8 个点组成几个数,要求这几个数加起来的结果最接近 82,点可以用作小数点或者循环小数的记号。

答案在这里，快来找吧

181. 混乱的输赢 >>>

一开始我有260美元。男爵和伯爵的本钱分别为80美元和140美元。第一局之后，我输掉220美元，男爵和伯爵的钱分别涨到了160美元和280美元；第二局伯爵输掉了200美元，我和男爵的钱分别为80美元和320美元；第三局我们三个人的钱都为160美元。

182. 三个笨小孩 >>>

让身上的数字是6的小孩倒立，这样他身上的数字就变成了9，而931能够被7整除。

183. 跷跷板平衡趣题 >>>

由于2个小男孩的重量正好等于3个小女孩的重量，所以，8个小男孩的重量应该等于8÷2×3=12个小女孩的重量。所以，另一边需要坐上12个小女孩才能保持跷跷板的平衡。

184. 数字游戏 >>>

这几个数字分别为：80. 5……（5为循环小数，即55/99）；.97（97为循环节，即97/99）；.46（46为循环节，即46/99）。它们的和为82。

185 还差一分钱

小苏西跑去商店买东西,他把 31 分钱递给售货员,说:"我要买 3 把丝线和 4 把毛线。"这些东西都是小苏西的妈妈叫他这样买的。但是现在小苏西非常想自己做一回主,于是,苏西对售货员说:"我改变主意了,现在我要买 4 把丝线和 3 把毛线。"

可是售货员说:"如果这样的话,你的钱就差一分了。"

"哦,这样啊,那就算了,还是买 3 把丝线和 4 把毛线吧。"

现在请问,丝线和毛线的价格分别是多少?

186 怎样分栗子

这个有趣的题目讲的是三个采栗子的小女孩儿分栗子的事。她们一共采到了 770 颗栗子,商量好了要像以前一样按年龄的大小来分配栗子。以前分栗子的时候,每当玛丽能拿 4 颗栗子的时候,尼莉可以拿 3 颗。而每当玛丽可以拿 6 颗时,苏茜可以拿到 7 颗。现在,三个小女孩儿已经迫不及待地要吃栗子了,你能很快为她们算出每个人可以拿到多少颗栗子吗?

187 断了的项链

小贩卖给一位夫人如图所示的 12 条链子,并保证能把它们串成一串 100 环的项链,但是他打开一个小环并接好要 15 美分,如果是大环的话,需要 20 美分。如果这位夫人想串好这串项链,最少要花多少钱?

188 买面包

卖面包的小贩喊道:

"新出炉的十字面包,热腾腾的十字面包,一个一分钱,两个还是一分钱;女儿不吃儿子吃;两个一分钱,三个一分钱,儿子女儿一样多,7 分钱足够把他们喂得饱饱的。"

从他的叫卖声中我们可以知道,他一共有价钱不同的三种面包,分别是一分钱一个的,一分钱两个的和一分钱三个的。如果按他的说法,给女儿和儿子 7 分钱,他们的人数是一样多的,要他们每个人得到的面包个数完全相同,请问他们每个人能得到多少个面包?

189 值得思考的加法与乘法

如图所示，我们都知道 2+2=4，2×2=4。现在如果我告诉你这样两个公式：A+B=Y，A×B=Y，那么现在请问，A 和 B 除了是"2"之外，还可能是其他的什么数字呢？

试一下 2.618024 和 1.618034 这两个数。实际上这道题有很多答案，规则也非常简单，你不妨好好思考一下。

190 怎样砸中 50 点整

有一天我和朋友欣赏完一段影片后，在影院门口的摊子上看到了一个有趣的游戏。有人说这是世界上最公平的游戏。游戏是这样的：在你的面前有 10 个偶人，每个偶人身上都标有数字。现在需要你用棒球去砸这 10 个小偶人，至于规则呢，几乎没有，因为你愿意砸几次就砸几次，并且你站多近砸都行。只要你把最后砸中的小偶人身上的数字加在一起，不多不少正好是 50 的话，你就可以得到一支价值 0.25 美元的真正带金边的马吉克莱雪茄。

真不幸，在我们了解如何获胜以前，我们口袋里的钱已经差不多全都流到摊主的口袋里了。并且我们还注意到别人也并不比我们幸运多少，因为抽雪茄的人并没有比以前多。最后，摊主告诉我们说，他并不介意告诉我们是人们的偏见致使他们不能获胜。因为每个人都有种族观念，这种观念导致他们失败。

抛弃种族观念，你能告诉大家怎样才能砸中 50 点并且赢得一只金边马吉克莱雪茄吗？

191 打弹子

查理和大卫在一起玩打弹子的游戏。一开始,他们拥有相同数目的弹子。第一局中,查理赢了大卫 20 颗弹子,但是玩到最后,查理输掉了他所有弹子的 2/3,而大卫的弹子数目是查理的 4 倍。

你知道一开始的时候他们各自有多少颗弹子吗?

192 野猪转弯

果园的门敞开着,野猪跑进园里偷吃了所有 64 个西红柿后逃跑了,野猪并没有碰到中间的黑色栅栏,它一共转了 21 次直角弯。可以肯定的是,野猪可以不按照图中路线那样转弯多次。

那么野猪逃跑最少要转多少个弯?

答案在这里，快来找吧

185. 还差一分钱 >>>

丝线的价格为 5 分钱，毛线的价格为 4 分钱。

186. 怎样分栗子 >>>

770 颗栗子应该这样分：最小的尼莉可分到 198 颗，年纪居中的玛丽可分到 264 颗，而最大的苏茜则可分到 308 颗。

思维点拨：根据题目中已有的栗子分配数据，我们可以先算出尼莉、玛丽和苏茜的年龄之比应为 9:12:14，题目中已经给出了栗子的总数，这样再算每个人所得的栗子数就轻而易举了。

187. 断了的项链 >>>

对于这个问题，10 个珠宝商会有 9 个认为把 12 条链子末端的小环打开再连接起来，这样费用会减少到 1.80 美元。而正确答案是：将两条有 2 个大环、3 个小环的链子全部拆开，用所得的 10 个环连接余下的 10 条链子，只需要 1.7 美元。

188. 买面包 >>>

儿子和女儿各有 3 个，买 12 个一分钱两个的面包和 12 个一分钱三个的面包，那么他们每个人就可以得到 4 个面包。

189. 值得思考的加法与乘法 >>>

这是一道很简单的加法和乘法题目，答案有很多，读者朋友们有兴趣的话可以自己去探索。我只告诉你，在这道题中，2 是个特殊的数字，除此之外所有的答案都是小数。

190. 怎样砸中 50 点整 >>>

这道题其实真的很简单，只要击中标有 25、6 和 19 三个数字的偶人就能得到 50 分。

191. 打弹子 >>>

他们各有 100 颗弹子。

192. 野猪转弯 >>>

野猪要逃脱至少要转弯 14 次，线路如图所示。

193 矿工们的骰子游戏

矿工们经常在一起玩一种骰子游戏。

游戏的规则是：两个人一起玩，由一方先喊出一个数字，然后另一个人掷骰子，再加上先前的一方喊的那个数字，然后就不用再掷骰子，而只把骰子转动90度，在露出来的5个数字里选一个相加，依次轮流，谁先达到25点或者使对方不得超过25点就算赢。

比如第一个人叫了5，另一个人掷出了3，那么就是8点，第一个人把骰子转动90度，在1、2、5、6这四个数字里选一个和8相加，如果选择6，加起来就是14点，另一方再转动骰子，如果选择4点，点数就到了14。第一个人再转到6，点数就到了24。这样，因为第二个人不能得到25，所以第一个人就赢得了比赛。

请你思考一下，在一开始叫什么数字可以保证赢得比赛？

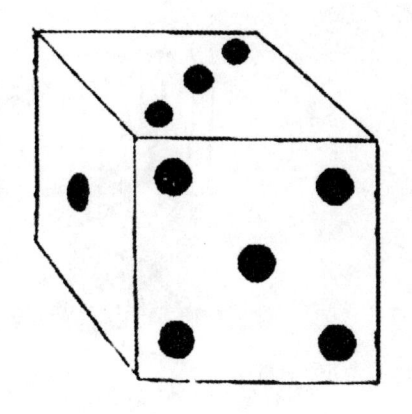

194 修房工人的工钱

我修房子的时候列了如下的工资单：

裱褙工和油漆工：1100美元；

油漆工和水管工：1700美元；

水管工和电工：1100美元；

电工和木工：3300美元；

木工和泥瓦匠：5300美元；

泥瓦匠和裱褙工人：2500美元。

请问他们各自得到了多少工钱？

195 好心的夫人

有一位贵妇人在街上大发善心,给沿街乞讨的乞丐们分发钱币。

她给了第一位乞丐自己口袋里所有钱的一半再加上 1 分钱,给了第二位她剩下的钱的一半加 2 分,第三个得到了她剩下的钱的一半加 3 分。最后她的口袋里只剩下 1 分钱。

你知道一开始她口袋里有多少钱吗?

196 鲁本夫妇的投资

鲁本先生和他的太太准备在郊外购买一套小别墅,于是鲁本先生对他的太太说:"我的钱加上你的钱的 3/4,就可以买下价值 5000 美元的那栋小别墅,而别墅后面的小溪和小树林刚好可以用你剩下的钱支付。"

鲁本太太不以为然地说:"要是你把你的钱给我 2/3,我们也可以买下那栋小别墅,你剩下的钱也刚好可以支付别墅后面的小溪和小树林。"

请问,鲁本夫妇分别有多少钱呢?小溪和小树林的价钱又是多少?

答案在这里，
快来找吧

193. 矿工们的骰子游戏 >>>

要想赢得比赛，在一开始应该喊2或者4。

194. 修房工人的工钱 >>>

他们得到的工资如下：

裱褙工：200美元；

油漆工：900美元；

水管工：800美元；

电工：300美元；

木工：3000美元；

泥瓦匠：2300美元。

195. 好心的夫人 >>>

她一开始有42分钱。

196. 鲁本夫妇的投资 >>>

鲁本先生有2500美元，鲁本夫人有3333.3333美元；小溪和小树林的价钱为833.3333美元。

197 猜猜法兰克福香肠的价格

一次，一位德国友人为我讲了一道非常有意思的经济趣题。

哈尔勒姆的三个男孩在上学的途中迷路了，他们想方设法寻找学校的位置。可一直到中午该吃午饭的时候，他们还是毫无进展。幸好，这时哈里还有 4 根法兰克福香肠，托米有 7 根。为了得到一份香肠，吉米拿出了 11 分钱，分给了哈里和托米。这样，三个人的支出就相等了。但是这 11 分钱是怎么分的呢？你能回答上来吗？如果你能的话，那么你就知道法兰克福香肠的价格了。

198 业余马贩子

我得承认我不是一个称职的马贩子。我以前卖过一匹德克萨斯州的野马，花掉 26 美元，喂养了一段时间以后就把它卖掉了，卖价为 60 美元。不要以为这是笔好生意。细细地算下来，我在这匹马上赔掉了原价的 1/2 再加上饲养开支的 1/4。

你知道我损失了多少钱吗？

199 西瓜的分法

杰克和麦克花了 48 美分买了一个西瓜,其中麦克花了 30 美分,杰克花了 18 美分。他们决定按出钱的比例来分西瓜。

刚好此时吉米路过,他们把 1/3 的西瓜全价卖给了吉米,剩下的西瓜他们刚好可以平分。但是,卖瓜的钱他们又该怎么分配呢?

200 野餐的人数

小镇上有一个古老的传统,就是每年举行一次野餐会。每到那一天,小镇上所有的马车都要出动。今年野餐会的时候,突然半路坏掉了十辆马车,于是只好把人分散到剩下的马车上,刚好每辆马车多载了一个人。回来的时候,又坏掉了十五辆马车,这样的话,剩下的马车每一辆都必须比早上出发的时候多载三个人。

你知道有多少人参加了这次野餐聚会吗?

答案在这里，快来找吧

197. 猜猜法兰克福香肠的价格 >>>

　　这道题要抓住一个关键点，即当吉米支付了11分钱后，三个人的支出是相等的，也就是他们每个人都为这顿饭支付了11分钱。所以11根香肠的总价就应该是33分钱，也即每根香肠3分钱。那么哈里的4根香肠值12分钱，他支出了11分，所以还应得1分钱。如此计算，托米应该得到10分钱。然后，三个人平分11根香肠，每个人可以分得11/3根。

198. 业余马贩子 >>>

　　损失了28美元。

　　思路点拨：损失了原价的一半和饲养开支的1/4，则卖价即为原价的一半和饲养开支的3/4，就可求出饲养开支为188/3美元。

199. 西瓜的分法 >>>

　　麦克34美分，杰克14美分。

200. 野餐的人数 >>>

　　参加野餐会的人数一共为900人。早上出发的时候，有马车100辆，每辆马车搭载9个人；中途坏掉10辆以后，每辆马车搭载10个人；返回的时候又坏掉15辆，每辆马车上就坐了12个人。

201 打靶趣题

我是一名业余射击爱好者，曾经参加过很多次射击比赛。最近，我观看了美国队和法国队之间进行的手枪射击比赛，结果没有出乎我的意料，美国以 4889:4821 环的成绩再次获胜。

比赛进行得激烈而有趣，并且有很多亮点。比如这次的比赛是在海上举行的，射击结果也是通过电报发给对方的，这些举措着实为这次比赛增色不少。

在比赛中还有很多有意思的小问题，其中有一个问题是这样的：一位射击手用 6 发子弹打出了 96 环的成绩，但当他查看靶子的时候却发现，靶子上只有 3 个弹孔，也就是说，有 3 发子弹是从前面他已经打出的弹孔中穿过去的。如图所示，靶子上已经标出了 1—50 环的标线。那么请问，他打出的环数分别是多少？

202 出纳是怎么办到的

一次,一位做银行出纳的朋友给我讲了一件他在工作中遇到的趣事,这件趣事有点让人摸不着头脑,但也给他枯燥乏味的工作增添了不少生气。

那天,银行里来了一位长者,他递给出纳一张 200 美元的支票,然后说:"给我换一些 1 元纸币,再来 10 倍数量的 2 元纸币,剩下的都换成 5 元的。"

当时我的出纳朋友愣了一下,但他很快就算出来应该怎样给长者换钱了。读者朋友们,你们知道银行出纳是怎么办到的吗?

203 大鱼有多长

现在有这么一条大鱼,鱼头有 9 英尺长,鱼身的长度正好等于鱼头和鱼尾加起来的长度,而鱼尾的长度又相当于鱼头加上半个鱼身的长度。根据这些条件,你能算出这条大鱼到底有多长吗?

答案在这里，快来找吧

201.打靶趣题 >>>

这位射击手共打出了两个25环、两个20环和两个3环。

202.出纳是怎么办到的 >>>

出纳给长者换了5张1美元、50张2美元和19张5美元的纸币。

203.大鱼有多长 >>>

由题目我们容易得知鱼尾=鱼身-鱼头，又由题目可知鱼尾=1/2鱼身+鱼头，根据这两个条件，我们不难计算出鱼身的长度就等于4个鱼头的长度，也就是4×9=36英尺，那么鱼尾的长度就应该是36-9=27英尺。所以整条鱼的长度应该是9+36+27=72英尺。这条鱼是不是真的很大呢？

204 三个牲口贩子

图中是三个正在谈生意的牲口贩子。萨米对杰克说:"我用我的猪和你换马,6头换1匹,那么你所有的牲口数量就是我的2倍了。"查理对萨米说:"我拿14只羊和你换1匹马,这样你所有的牲口数量就是我的3倍了。"杰克对查理说:"我用4头牛和你换1匹马,如此一来,你的牲口数就变成我的6倍了。"

你知道这三个牲口贩子各自有多少头牲口吗?

205 全世界一百年也筹不够的小麦

据百科全书记载,如今的国际象棋是由一个印度人发明的。印度国王为了奖励他,决定满足他一个要求。印度人的要求看起来简单极了:在棋盘的第一个方格中放1粒小麦,第二个格子中放2粒,第三个格子中放4粒,第四个格子中放8粒……以此类推,也就是每一个方格里的小麦数量乘以2就是下一个方格里的小麦数量,这样直到把棋盘中的64个方格都放上小麦。

国王心想:"这个要求太容易满足了。"于是派人领着印度人去仓库里面取小麦了。但是,很快他们就傻眼了,他们发现,全世界一百年也筹不到足够的小麦来满足这位印度人的要求。可是这位印度人坚持要收取他应得的小麦,国王为自己的许诺懊悔不已。读者朋友们,你们能算出印度人需求的小麦共有多少吗?

206 谁是谁的妹妹

老奶奶有 32 个苹果要分给 8 个小朋友，其中 4 个小女孩安、玛丽、简、凯特分别得到了 1 个、2 个、3 个、4 个苹果。而史密斯的苹果和他妹妹的一样多，布朗的苹果比他妹妹的多一倍，琼斯得到的是他妹妹的 3 倍，鲁宾逊的苹果比他妹妹的多了 3 倍。

请问，4 个小女孩分别是谁的妹妹呢？

207 买香蕉

水果摊的摊主是个对数学着迷的老奶奶，她对顾客说："如果你用每串 3 先令的价钱买几串黄香蕉，再用每串 4 先令的价钱买同样数量的红香蕉，不如你把钱平分，然后分别购买这两种香蕉，你还能多买到两串。"

你知道这是怎么回事吗？

208 钓鱼问题

A、B、C、D、E 五个人一起去钓鱼,他们约定用一种非常复杂的方法来分配战利品:每个人要把自己钓到的鱼和自己编号相邻的人平分。

最后 A 和 B 一共钓了 14 条鱼,B 和 C 一共钓了 20 条,C 和 D 一共钓了 18 条,D 和 E 一共钓了 12 条。其中 A 和 E 钓到了同样多的鱼,C 把自己钓的鱼和 B、D 两个人的鱼混到了一起,然后平分,同样的,D 和 C、E,E 和 D、A,A 和 E、B,B 和 A、C 一起,也分别平分了各自的鱼。而且每一次分配中,鱼的总数都可以被平均地分成 3 份。

分配完以后,5 个人所得的鱼的数量是一样的。请问 5 个人分别钓到了几条鱼?

答案在这里，快来找吧

204. 三个牲口贩子 >>>

　　萨米有 11 头牲口,杰克有 7 头,查理有 21 头。

205. 全世界一百年也筹不够的小麦 >>>

　　这道题的计算方法很简单,只要简单运用乘法就可以,答案是 18446744073709551615 粒小麦。虽然这道题很简单,但是清点小麦就非常困难了。有兴趣的读者朋友们可以先大概估算一下一斤小麦有多少粒,然后就会惊讶这 18446744073709551615 粒小麦到底有多少了!

206. 谁是谁的妹妹 >>>

　　安是琼斯的妹妹;玛丽是鲁宾逊的妹妹;简是史密斯的妹妹;凯特是布朗的妹妹。

207. 买香蕉 >>>

　　这位顾客用 336 先令可以买到 48 串红香蕉和 48 串黄香蕉,共 96 串。如果把钱平分为 168 先令的两份,他就可以买到 42 串红香蕉,56 串黄香蕉,共 98 串。

208. 钓鱼问题 >>>

　　A 钓到了 8 条,B 钓到了 6 条,C 钓到了 14 条,D 钓到了 4 条,E 钓到了 8 条。

209 饿死的守财奴

有个守财奴的癖好是将他的金币分别装在 5 个袋子里，每个袋子里 5 元、10 元、20 元的金币的数量是一样的。他一有空就把自己所有的金币倒出来，分成四堆，每一堆里面同种面值的金币都相等。然后他随便选两堆混合以后再分成面值和数目完全相等的三堆。

最后这位喜欢数钱的守财奴饿死在了自己的金币堆前，请问他至少有多少金币？

210 卖酒商人的折扣

有个人去找卖酒商人买酒。商人给了他 5% 的折扣。但是这位顾客要商人再给他订单总额 5% 的佣金，否则就去别家买。商人卖酒的利润只有 5%，再降价他就亏了本。于是他们商量提高了打折之前的订单总价（882 法郎）。

最后他们各自都得到了自己 5% 的利润，请问他们是怎么做到的呢？

211 聪明的典礼官

凯西经常向人们吹嘘说："我还是个孩子的时候就经常参加圣帕特里克大游行,到现在已经有四分之一个世纪了。"对于这件事的真假性我们姑且不论,只是年迈的凯西最终被肺炎夺去了生命。之后,3月17日到了,这天是圣帕特里克大游行的日子。在游行中,小伙子们突然发现方阵的最后一排缺了一个人。这样可不好,因为按照习俗,这个空缺不仅破坏了整个方阵,并且使整个游行队伍变成了一个不吉利的送葬队伍,所以,这个空缺是无论如何也要补上的。

按照传统,小伙子们10个人一排,但是现在只剩下了9个人,那是跛脚凯西原来所站的位置。没有办法,他们只好改成了每排9个人,因为每排11个人是不合适的。

但是,很快人们就发现这样最后一排只剩下8个人了,凯西的位置又被空了出来。小伙子们又试着每排站8个人、7个人、5个人、4个人、3个人,直到最后每排只能站2人了,最后一排仍然有空缺。这时人们开始相信迷信了,说这是上天的安排,那个位置是上天特意留给凯西的,没有谁能够替代。这样,小伙子们开始相信凯西的灵魂在跟着他们一块儿游行,所以再也没有人敢去补这个空缺了。

典礼官却很聪明,他马上命令大家变成一队。这样即使是凯西的灵魂参与游行,那么他也只能在队伍的最后默默地跟着了。

现在趣题出来了:假如游行的队伍不超过7000人,那么请问,共有多少人参加了3月17日的圣帕特里克游行?

答案在这里，快来找吧

209. 饿死的守财奴 >>>

因为守财奴可以将他的不同币值的金币平分为4、5、6份，所以他每种金币至少有60枚。那么他最少有2100美元。

210. 卖酒商人的折扣 >>>

酒的成本价为796法郎，商人加了5%的价以后售价为837.9法郎。为了得到佣金，他们把订单的总价提高到931法郎，商人付出5%的佣金并打了5%的折扣以后，最后收到的钱为837.9法郎。

211. 聪明的典礼官 >>>

参加游行的人数为5039。

思路点拨：当凯西在的时候，人数一定是2、3、4、5、6、7、8、9、10的公倍数。我们取它们的最小公倍数2520，然后减去1就是凯西离开后的人数。但根据题目中的条件"每行11个人"，我们可以判断2520不是正确答案。（因为2520-1=2519。而2519能够被11整除，故不符合题意。）我们再取下一个公倍数，也就是5040。5040减去1等于5039，而5039不能够被11整除，所以5039满足题意。下一个公倍数肯定会超过限定的人数7000，所以在这个范围内，5039是唯一满足条件的答案。

212 麦克的赌本

麦克和琼斯闲得无聊就打扑克打发时间。几轮下来，麦克的钱翻了一番，输急了的琼斯把剩下的钱全部押了下去，最后他成功地赢了这一局。现在麦克手上有42元，琼斯手上有36元。

请问他们各自的赌本是多少呢？

213 夫妻俩购物

帕特夫妇进城里买东西。帕特夫人买了一顶帽子花掉15元，帕特先生用同样的钱买了一套衣服和一顶帽子，最后帕特夫人用他们剩下的所有钱买了一条裙子。

回到家里，帕特先生抱怨帕特夫人买的帽子太贵了，都够他买一套衣服了。帕特夫人反驳道："你的帽子可比我的裙子贵1元，要是我的帽子的价钱比你的帽子的价钱多一半，我们花的钱就一样了。"

如果真如帕特夫人说的那样，那么帕特先生的帽子的价钱是多少呢？他们夫妻俩一共花了多少钱？

214 晾衣绳的长度

史密斯太太和她的朋友共同买了一条长 100 英尺的晾衣绳，然后分成两段，因为史密斯太太付的钱比朋友多，于是她拿到了比较长的那段绳子。已知两段绳子中的一段是另一段的 5/7。那么，你知道这两段绳子分别有多长吗？

215 电工的问题

有一位电工要做一个如图所示的配电盘，要求从 B 点开始，通过所有 64 个交叉点连接到 A 点。已知每个小方格的边长是 1 英寸，两点之间的距离是 3 英寸。电线在改变方向的时候，需要在小方格上绕一圈，这需要 2 英寸的电线。需要注意的是，电线不能沿对角线连接。

现在从 B 点到最近的点的距离为 2 英寸，请问从 B 点连到 A 点最短需要多长的电线？

答案在这里，
快来找吧

212.麦克的赌本 >>>

麦克和琼斯的赌本分别为30元和48元。

213.夫妻俩购物>>>

假设帕特先生买帽子花了x元，衣服花了y元，则帕特夫人的帽子也为y元，裙子则为x-1元，已知x+y=15，则他们一共用了x+y+x-1+y=29元。其中帕特先生的帽子用了6.5元，衣服用了8.5元，帕特夫人的帽子用了8.5元，裙子用了5.5元。

214.晾衣绳的长度 >

两段晾衣绳分别长 $58\frac{2}{3}$ 英尺和 $41\frac{2}{3}$ 英尺。

215.电工的问题 >

最短需要电线234英寸。

绕法如图：

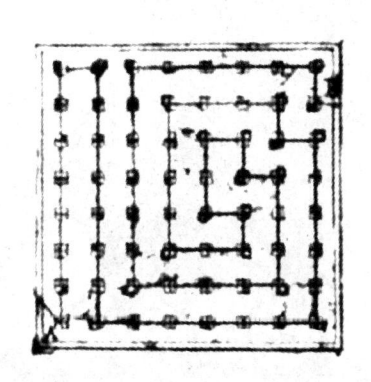

216 商人的秘诀

有一位非常有经验的商人教导他的儿子说:"做生意能不能赚钱,关键在于你给货物定的卖价是多少,而不是进价是多少。比如说这条裙子,我可以以 10% 的利润去卖。假如我把进价压低了 10%,然后以 20% 的利润去卖,结果赚的钱还不如原来,少赚了 0.25 美元。"

你知道这条裙子原本卖多少钱?

217 占卜女郎的收入

有一位以占卜为生的吉普赛女郎,她每次占卜的价钱为 25 美分。据她自己说,上上周她赚了不到 3 美元的钱,而上周只有上上周的 1/3,这周赚的还不足上上周的一半。

你知道这三周里面,这位占卜女郎赚了多少钱吗?

答案在这里，快来找吧

216. 商人的秘诀 >>>

假设裙子原来的进价是 x，加了 10% 的利润后卖价为 1.1x，如果将进价压低 10%，则为 0.9x，再加 20% 的利润后售价为 1.08x，与原来的卖价相差了 0.02x，即为 0.02x=0.25 美元，解出 x=12.5 美元，则裙子原本的卖价为 12.5×1.1=13.75 美元。

217. 占卜女郎的收入 >>>

她三周一共赚了 3.25 美元。

218 如何给双胞胎分财产

奥苏格斯即将老来得子,兴奋之情可想而知。激动之余,他立下遗嘱:如果出生的是个男孩儿,他将把 2/3 的财产留给儿子,1/3 的财产留给妻子;如果得到的是个女孩儿,他将把 1/3 的财产留给女儿,2/3 的财产留给妻子。可是后来,他居然得到了一对双胞胎,而且是一个男孩儿和一个女孩儿。本来就对数学不敏感的奥苏格斯在激动之余更是想不出来该怎样分配他的财产了。

朋友们,你们知道该怎样分吗?

219 精明的老太太

有一位非常会购物的精明老太太找小贩买了一些东西,她奇特的购买方式让小贩彻底糊涂了:

她先买了几副鞋带,然后又买了一些针线包,这些针线包的数量是鞋带的 4 倍,最后她还买了 8 倍鞋带数目的手帕。她付给小贩 3.26 美元,而她所买的每一样东西所花的美分数正好是她所买的东西的件数。

你能帮着糊涂的小贩算算这位老太太买了多少东西吗?

220 不说谎的儿子

妈妈对儿子说:"要不是你爸爸生气,我也不会来问你的。他下班回家发现自己放在桌子上的香烟不见了一半;等他和别人谈完事情回来,香烟又不见了一半;他去一趟华盛顿家,回来又发现香烟少了一半。现在桌子上只剩下一根香烟了。你老实说,你有没有碰过这些香烟?"

儿子诚实地回答道:"桌上的那一根香烟我没碰过。"

你知道一开始桌子上有几根香烟吗?

221 购物问题

鲁本太太非常会精打细算。她在星期六瓷器促销的时候,用1.3美元购买了盘子。促销活动中所有的商品价格都比原价降低了2美分。到了星期一,活动结束,她又以原价将盘子退掉换成了杯子和碟子。依照现在的价格,一个盘子的价格和一个杯子、一个碟子的总价等值,于是她多换得了16件东西。其中3美分的碟子占了10个。

那么,如果是在星期六,鲁本太太能用同样的钱买到多少个杯子?

答案在这里，快来找吧

218.如何给双胞胎分财产 >

这道题看似很棘手，但是如果找到方法就非常简单了。奥苏格斯原来分割财产的意图即孩子和母亲所分得财产的比例是不会发生变化的。按照这样算，母亲应得的钱是女儿的两倍，而儿子应得的钱又是母亲的两倍，所以现在只要把财产分成7份即可。其中母亲会得到2份，儿子会得到4份，女儿会得到一份。

219.精明的老太太 >

16块手帕，8个针线包，2副鞋带。

220.不说谎的儿子 >

一开始桌子上有8根香烟。

221.精明的太太 >

鲁本太太在促销的时候以每个13美分的价钱买了10个盘子，然后在周一换了18个一个3美分的碟子和8个一个12美分的杯子。在周六的促销中，杯子的价钱为10美分，那么她的1.3美元可以买13个杯子。

222 怎样射得 100 环

在一次射箭比赛中，一位年轻的女孩儿正好得到了 100 环的好成绩，你能猜到她是怎样得分的吗？

223 卖报的问题

有 5 个报童在街上奔跑着卖报。约克逊·华盛顿卖出了他们 5 个人的报纸总数的 1/4 再加上 1 份；吉米·格林卖出了剩下的报纸总数的 1/4 再加上 1 份；内德·华盛顿又卖出了剩下的报纸的 1/4 再加上 1 份；麦克·格林再卖掉了剩下的报纸的 1/4 再加上 1 份。此时华盛顿家的 2 个孩子比格林家的 2 个孩子卖出的报纸多 100 份。但是格林家的小儿子杰克·格林卖光了剩下的所有报纸，这样一来，格林家的 3 个孩子比华盛顿家的 2 个孩子多卖了多少份报纸呢？

224 查尔斯的钥匙

查尔斯把他的钥匙都串在如图所示的一个环状钥匙链上。他把钥匙串分成了三个部分,其中两个部分的数字相乘的结果等于第三部分。这样一样,要是谁动过了他的钥匙,他一眼就能发现。

6910 与 7 相乘的结果并不等于 83452,所以他的钥匙明显被人动过了。

你知道查尔斯是怎么将这些钥匙分开以使两部分相乘等于第三部分的吗?

225 地产商的生意

有一位地产商人用 243 美元买了一块地,然后又将这块地分成若干小块卖了出去,每小块的卖价是 18 美元,到了最后,他所得的利润刚好等于其中 6 小块地最初买进来时的价钱之和。

请问,你知道他把地分成了多少块卖出去吗?

答案在这里，
快来找吧

222. 怎样射得100环 >

这位女孩儿一共射了6箭而得到100环的好成绩。

得分情况是：17+17+17+17+16+16=100。

223. 卖报的问题 >

格林家的3个孩子比华盛顿家的2个孩子多卖了220份报纸。报纸的总数是1020份。

224. 查尔斯的钥匙 >

钥匙被分成了78、345、26910三个部分。

225. 地产商的生意 >

他把地分成了18块卖出去。

解题思路：假设他把地分成了x小块，那么他的利润就等于18x-243，这也是6小块地的最初买进价格，每小块地最初的买价为243/x，则可列出如下方程：

18x-243=6×243/x

解出 x=18。

226 喝啤酒比赛

海德尔堡最近举行了一场喝啤酒比赛,"红冠"和"绿冠"两个小组参加了比赛,两个小组的每一个成员都向其他人各敬了一杯酒。参赛的总人数不超过24人。"红冠"一组喝的啤酒比"绿冠"一组多了108杯。

那么,你知道"红冠"小组一共喝了多少啤酒杯吗?

227 买鸡蛋

奥尼尔太太向哈利太太询问食品店里一种非常小的鸡蛋的价格是多少。哈利太太回答说:"我买这些鸡蛋花了12美分,因为鸡蛋太小了,于是我让他们多给了2枚,最后每打鸡蛋(12枚)比原价便宜了1美分。"

你知道哈利太太用12美分买到了多少枚小鸡蛋吗?

228 老船长的遗嘱

老船长威尔逊·鲁本 1803 年在格洛斯特去世了，他把自己的财产留给了如图所示的 9 位继承人。他们分别为：他前妻所生的儿子以及儿子的老婆、孩子；他后来的儿子和儿媳、孙子；女儿、女婿和外孙。一共有三家人。

这位老船长立了一个很古怪的遗嘱，他规定：丈夫们得到的钱要比他的妻子多，而每个妻子拿到的钱要多于他们的孩子。并且每个男人和他的妻子所得的钱的差数要等于每个妻子和他们的孩子所得的钱的差数。

他把自己所有的钱都换成了面值 1 美元的钞票，分装在纸口袋里分别发给了继承人，纸口袋里还装了一些封了口的信封。每只信封里的钱的数量都等于这只纸口袋里的信封的数量。他还在遗嘱里写道："玛丽和萨拉得到的钱的总量和汤姆及比尔刚好相等，内德、比尔和玛丽所得的钱加起来要比汉克多 299 美元。因为琼斯一家最贫困，所以他们拿到的钱比布朗一家的要多 1/3。"

你能从上述线索里知道每个继承人的姓氏以及他们各自得到了多少钱吗？

229 牧场主分家

有一位经营非常成功的大牧场主觉得自己年事已高,于是召集了自己所有的儿子,想在他的有生之年把家业分到他们名下。

"老大,你认为你能饲养多少头奶牛就挑选多少头奶牛,你妻子可以再分走剩下的奶牛的 1/9。"他对大儿子说。然后又对二儿子说道:"老二,你在老大之后选,所以你可以拿走比老大多一头的奶牛,你妻子也可以得到剩下的奶牛的 1/9。"他依次对剩下的几个儿子说了同样的话,即他们分到的奶牛都可以比他们之前分走奶牛的哥哥多一头,而他们的妻子都可以得到剩余下来的奶牛的 1/9。等到最小的一个儿子分完奶牛后,就没有了奶牛留给他的妻子。于是牧场主又说:"马的价钱比奶牛贵两倍,我希望你们把这 7 匹马分完以后,每个家庭得到的牲口的价值都是一样的。"

你知道这个大牧场主一共有多少头奶牛?又有多少个儿子呢?

230 荷兰人的习惯

荷兰人在做生意时还保有一些传统的习惯，尤其是在买卖牛羊、家禽以及农产品的时候，他们常常用一些古老的度量单位。比如，他们以"打"为单位买卖鸡蛋，还会用什么蒲式耳、陪克和小单位等。

今年，我的三个荷兰朋友分别带着他们新婚燕尔的夫人前来看望我。他们的名字分别是亨德里克、克拉斯和克勒利斯，三位夫人的名字是格特玲、卡特伦和安娜。

我们在聊天的时候，他们对我说，他们去市场买小猪的时候，他们所买的小猪的头数和每头小猪的单价刚好相等。亨德里克所买的小猪数量比卡特伦多23头，克拉斯所买的比格特玲多11头，并且他们每个男人所用的钱都比他们的夫人多了3几尼（旧时英国金币，等于21先令）。

通过他们的描述，你知道这几个人当中谁和谁是一对呢？

答案在这里，快来找吧

226. 喝啤酒比赛 >

参赛的总人数为18，"红冠"小组有12人，一共喝了216杯啤酒；"绿冠"小组有6人，一共喝了108杯啤酒。

227. 买鸡蛋 >

哈利太太用12美分买了16枚小鸡蛋。每打小鸡蛋的价钱为9美分。多加了2枚鸡蛋后，哈利太太得到了18枚，此时相当于每打鸡蛋8美分。

228. 老船长的遗嘱 >

比尔·琼斯得到了8836美元，他的妻子玛丽得到了5476美元，他们的儿子内德得到了2116美元；汉克·鲁本拿到了16129美元，他的妻子伊莉莎拿到了12769美元，他们的女儿苏珊拿到了9409美元；杰克·布朗分得了6724美元，他的妻子萨拉分得了3364美元，他们的儿子汤姆只拿到了4美元。

229. 牧场主分家 >

大牧场主有7个儿子，56头奶牛。大儿子分得2头奶牛，他老婆分得6头；二儿子分得6头奶牛，他老婆分得5头；第三个儿子分得4头奶牛，他老婆也分得了4头。这样依次类推，直到最后，第七个儿子分得了8头奶牛，但奶牛已经全部分光，他的老婆已经无牛可分了。结果每个家庭分到8头牛，所以每家可以再分得4匹马。于是他们都分到了价值相等的牲口。

230. 荷兰人的习惯 >

格特玲和克勒利斯是一对，卡特伦和卡拉斯是一对，安娜和亨德里克是一对。

克勒利斯以8先令买了8头小猪，格特玲用1先令买了1头小猪；卡特伦用9先令买了9头小猪；卡拉斯用12先令买了12头小猪；安娜用31先令买了31头小猪；亨德里克用32先令买了32头小猪。

231 计算成本价

服装店的库存太多，于是老板准备减价处理掉他的衣服。

他先是把原价 20 元的衣服降到了 8 元，然后又降到了 3.2 元，接着又降到了 1.28 元。如果按照这种规律递减下去，再降一次就是成本价了。

你知道他的成本价是多少吗？

232 卖油的商人

有一位商人存了如图所示的几桶油和醋，他告诉我说："我的客人买了各 14 美元的油和醋，每加仑油的价格是醋的两倍，最后我还剩下一桶。"

你知道他卖掉的是哪几桶吗？分别是什么呢？剩下的那一桶的价格是多少？

233 夺冠的几率

每年举行一次的草地网球锦标赛实行的是淘汰制,即输家被淘汰,而赢家则晋级下一轮,最后的胜利者将与上一届的总冠军对决,赢家就夺得总冠军的头衔。

参赛的网球运动员为 16 个人,他们必须连胜 5 场才能获得冠军。每个人夺冠的几率都是一样的,你能算出他们夺冠的几率究竟有多少吗?

234 女儿们的年金

史密斯先生给他的女儿们设置了一项年金,每年都以她们各自年龄的比例来分配这些年金。

在设置年金的第一年,大女儿拿走了所有年金的一半。到了第六年的时候,玛塔得到的年金比第一年少了 1 美元,菲比所得的比第一年少了 1/7,只有玛丽安领到了第一次年金的 2 倍的钱。

你知道史密斯给女儿们设置了多少钱的年金吗?

答案在这里，快来找吧

231. 计算成本价 >

衣服的成本价为 51.2 美分。

解题思路：每次降价的幅度都是以前的 3/5。

232. 卖油的商人 >

商人以 50 美分/加仑的价格卖出了体积为 13 加仑和 15 加仑的两桶油（价值 14 美元）。然后以 25 美分/加仑的价格卖出了体积为 8 加仑、17 加仑和 31 加仑的三桶醋（价值 14 美元）。剩下的是体积 19 加仑的桶，如果是醋，则价值 4.75 美无；如果是油，则价值 9.50 美元。

233. 夺冠的几率 >

1:31。

234. 女儿们的年金 >

史密斯设置的年金是 35 美元。第一年大女儿菲比 10 岁、二女儿玛塔 8 岁，三女儿玛丽安才 2 岁，所以菲比得到了年金的一半 17.5 美元，玛塔得到了 14 美元，而玛丽安得到了 3.5 美元。第六年，三个女儿的年纪分别为 15 岁、13 岁、7 岁，所得的年金分别为 15 美元、13 美元、7 美元。

附 录

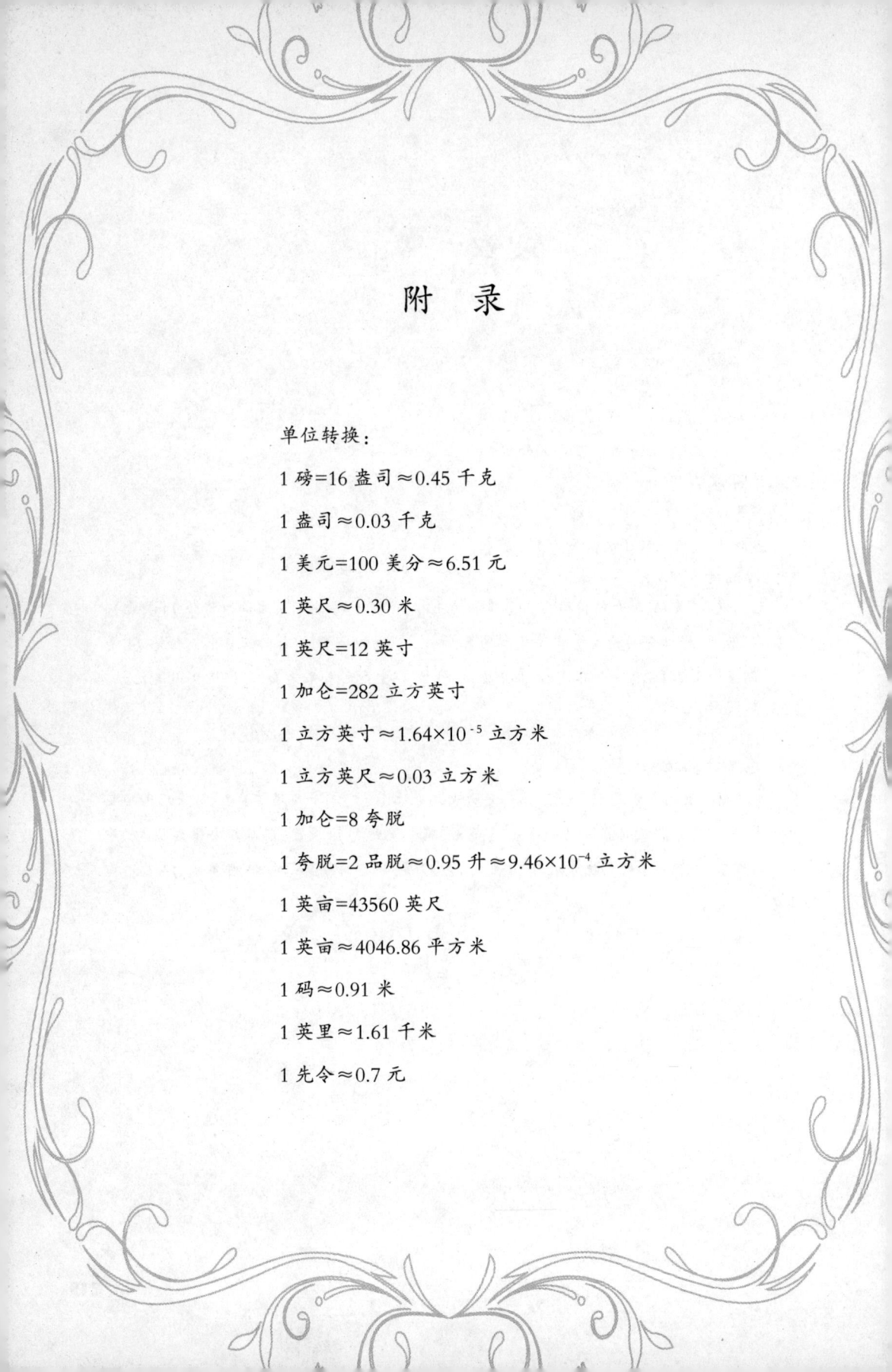

单位转换：

1 磅=16 盎司≈0.45 千克

1 盎司≈0.03 千克

1 美元=100 美分≈6.51 元

1 英尺≈0.30 米

1 英尺=12 英寸

1 加仑=282 立方英寸

1 立方英寸≈$1.64×10^{-5}$ 立方米

1 立方英尺≈0.03 立方米

1 加仑=8 夸脱

1 夸脱=2 品脱≈0.95 升≈$9.46×10^{-4}$ 立方米

1 英亩=43560 英尺

1 英亩≈4046.86 平方米

1 码≈0.91 米

1 英里≈1.61 千米

1 先令≈0.7 元